Comment la DRH
fait sa révolution

Groupe Eyrolles

61, bd Saint-Germain

75240 Paris Cedex 05

www.editions-eyrolles.com

© Groupe Eyrolles, 2014

ISBN : 978-2-212-55919-4

François **Eyssette**
Charles-Henri **Besseyre des Horts**

Préface de Muriel **Pénicaud**

Comment la DRH fait sa révolution

EYROLLES

fondation
ManpowerGroup

COLLECTION DE LA FONDATION
MANPOWER GROUP :

« LA NOUVELLE SOCIÉTÉ DE L'EMPLOI »

Dirigée par Christian Boghos,
Président de la Fondation ManpowerGroup.

Interroger la société avec le prisme de l'emploi : ses mutations, ses envies d'évolutions, ses constats alarmants, ses
sources d'espoir mais aussi ses projets, ses perspectives et
avant toute chose ses talents.

Si l'emploi reste une dynamique créatrice pour la société et
pour l'entreprise, il est plus que jamais le marqueur de la
société future que nous dessinons chaque jour.

Sommaire

Préface 9

Introduction 17

Un peu d'histoire 19

Qui d'autre que le DRH pouvait être celui-là ? 25

Chapitre 1

Le contexte : ce qui a changé depuis 2008 27

L'accélération de la globalisation 29

La révolution numérique 34

Les mutations de l'environnement social et sociétal. 40

Une attente d'un rôle différent des DRH 47

Chapitre 2

À nouvelles priorités, nouveau profil de DRH 49

L'analyse chiffrée (2008-2013) 49

Pourquoi avez-vous été nommé DRH ? 53

Le changement, c'est maintenant 60

Chapitre 3

Les transformations de l'organisation 63

Les attentes des dirigeants
et des autres parties prenantes 66
Les points clés auxquels la fonction RH
n'a pas toujours répondu 69
Quelques pistes pour permettre à la fonction RH
de satisfaire les attentes des dirigeants 72
Transformer l'organisation par l'exemplarité
des managers et de la fonction RH 76

Chapitre 4

Le management des talents 81

Les attentes des dirigeants
et des autres parties prenantes 84
Les points clés auxquels la fonction RH
n'a pas toujours répondu 89
Quelques pistes pour satisfaire les attentes
des dirigeants 95
Que dire du management des talents RH ? 98

Chapitre 5

L'évolution de la culture d'entreprise 99

Les attentes des dirigeants
et des autres parties prenantes 101
Les points clés auxquels la fonction RH
n'a pas toujours répondu 105
Quelques pistes pour satisfaire les attentes
des dirigeants 109
Faire évoluer la culture d'entreprise 112

Chapitre 6

Relever le niveau par la reprofessionnalisation de la fonction RH 115

Les enjeux de la reprofessionnalisation des RH 115

Les réponses traditionnelles de la fonction RH 121

Les pistes d'action possibles 127

Le développement de la professionnalisation
par la formation et la certification...................... 133

Chapitre 7

Le rôle singulier du DRH 137

La donne a changé.. 137

Des talents et des compétences indispensables 139

Une relation singulière avec le président................ 143

Les relations avec les autres parties prenantes........ 146

Une charge émotionnelle parfois très difficile
à supporter 151

Comment concilier ces contradictions ?.................155

Chapitre 8

Conseils à un jeune (et moins jeune) DRH (ou à un opérationnel) qui voudrait devenir DRH groupe........................ 157

Des conseils unanimes.. 158

Pour un jeune opérationnel 162

Les bouleversements de l'environnement
RH d'ici à 2020 164

Un message d'espoir 167

Conclusion 170

Remerciements... 175

Le DRH demain, sur la ligne de crête ?

La fonction RH s'est déjà radicalement transformée plusieurs fois : des chefs du personnel issus de l'armée dans les années 1950-1960 aux grands directeurs des relations sociales des années 1970-1990, des *business partners* développeurs de ressources et de systèmes des années 2000 à la nouvelle mutation actuelle, les missions et les profils des DRH ont évolué en fonction d'enjeux majeurs successifs. L'efficacité d'exécution, les transformations et restructurations industrielles, et la mondialisation de la recherche de talents, ont tour à tour été considérées comme la priorité.

Quel est l'enjeu de la mutation actuelle ? Pour la première fois, les lignes de force ne convergent pas dans une seule direction, et le paysage devient plus composite, en fonction de la problématique de développement de chaque entreprise et de la maturité de sa culture managériale.

L'enquête de François Eyssette auprès des Directeurs Généraux des Ressources Humaines (DGRH) du CAC 40 démontre la diversité de leurs profils, entre professionnels des RH, patrons opérationnels (c'est la tendance majoritaire dans les nominations récentes), et quelques *outsiders* au double cursus privé/public. Elle souligne également la diversité des positionnements : d'un rôle stratégique au comité exécutif à un rôle d'exécutant opérationnel en aval des décisions. La diversité des rémunérations en est une conséquence, traduisant le décrochage d'influence dans plusieurs groupes entre la fonction ressources humaines et la fonction finance dont l'importance a été dopée par la crise financière.

Quand on examine l'évolution récente de la fonction RH, trois constats apparaissent, qui de façon paradoxale, en soulignent les enjeux croissants tout en témoignant du risque de dilution de la fonction, et qui me semblent constituer une alerte :

– La dimension technique de la fonction s'est renforcée, en particulier le « *compensation and benefits* »[1], qui est devenu un domaine d'expertise clé en raison de la technicité des programmes de « *long term incentives* »[2] et surtout du poids important qu'a pris le comité de nominations et rémunérations (CNR) au sein du

---

1. Rémunérations et avantages sociaux.
2. Incitations à long terme.

conseil d'administration, suite au code AFEP-MEDEF français et aux règles de gouvernance similaires qui existent dans les autres pays développés. Cependant, cette dimension technique est souvent occupée par des collaborateurs experts et entre rarement dans les compétences du patron des RH.

– Les relations sociales restent clés en Europe, mais ont tendance dans certains groupes à être déléguées au niveau national et ne plus faire partie des compétences clés du patron des RH monde, comme le prouvent certaines nominations ou localisations hors d'Europe. La génération montante des P-DG, à la culture profondément internationale, dirige des groupes soit déjà mondialisés (où la France pèse en général 10 % du *business*), soit en cours d'internationalisation (où la France, l'Allemagne ou le Royaume-Uni représente 50 à 75 % du chiffre d'affaires, avec peu de croissance). La focalisation des équipes RH porte plus sur le développement des talents hors Europe, essentiel par ailleurs, que sur le dialogue social.

Cette perte de compétences en dialogue social au plus haut niveau induit un risque majeur au regard de la cohésion interne et de la capacité à gérer les transformations en Europe, et représente une perte d'opportunité dans les pays émergents pour innover à travers un progrès social, levier de performance économique. Sans ce dialogue social et économique permettant de négocier et piloter les évolutions, le « *social warming* »[1] deviendra

---

1. Analogie avec le réchauffement climatique : montée des tensions sociales.

un risque majeur, générant conflits violents ou inertie hostile au changement.

– Le développement de la responsabilité managériale, positif pour la meilleure gestion des équipes, le développement des individus, et l'efficacité collective, ont paradoxalement brouillé la cartographie des responsabilités réciproques entre responsables opérationnels et RH. Depuis dix ans, consultants et RH n'ont eu de cesse d'expliquer que la responsabilité RH était d'abord managériale, et que les RH devaient devenir des *business partners* au service du seul management, en lui fournissant plans d'action, systèmes et process. Malheureusement, *business partner* ne signifie pas que le RH est au cœur du *business* comme il devrait l'être, mais plutôt qu'il agit comme un consultant interne, ses « clients » étant les « vrais » managers opérationnels. Ceux-ci ont bien intégré ce discours, et considèrent dans de nombreuses entreprises les RH comme des « boîtes à outils » ou des auxiliaires chargés de l'exécution. Suite logique, dans certaines entreprises, une partie significative de la fonction est externalisée, comme l'informatique. Certains DRH sont devenus techniquement des « *yesmen* », indifférenciés des managers, qu'ils servent en fonction des priorités que ceux-ci leur fixent.

Dans certains groupes, les DRH ont ainsi perdu leur positionnement transversal au sein du comité exécutif, partagé avec le seul DG.

Au vu de cette évolution, j'ai une conviction : soit la fonction RH va achever de se diluer dans le paysage managérial comme un simple support technique à l'action, soit elle va construire une nouvelle légitimité et valeur ajoutée au sein des équipes de direction au regard des enjeux de demain.

Je plaide pour la seconde voie, car les défis à venir requièrent une fonction RH forte et positionnée transversalement dans l'entreprise, en appui du P-DG/DG et comme catalyseur au sein de l'équipe du management.

Quels sont ces enjeux ? Il est bien sûr impossible de généraliser des situations d'entreprises très diverses, qu'elles soient en transformation, restructuration ou forte croissance, mais il me semble que trois défis d'avenir doivent être au cœur de nos pensées et de nos actions.

– Repenser le travail, l'articulation de l'humain et de la productivité : les modes de vie ont changé bien plus que le travail, et la clé de l'engagement des salariés demain sera la convergence entre le bien-être et l'efficacité. Investir dans la santé et le bien-être au travail, c'est développer l'engagement, la fierté, et l'initiative des salariés, qui sont de puissants moteurs d'efficacité et de performance.

Cela suppose un travail en amont sur la gouvernance, l'organisation du travail, le management de proximité, les systèmes de *reporting*, la formation initiale et continue, les modes de reconnaissance et de rémunération, et le dialogue social, à travers une démarche participative impliquant les équipes de travail.

Repenser le travail en amont constitue la seule prévention primaire efficace des risques psychosociaux, devenue indispensable, tant le coût humain et économique de ce risque a augmenté (son coût est désormais plus élevé que celui des accidents du travail et des TMS). Au-delà du caractère préventif sur la santé des salariés, il faut repenser une nouvelle forme d'efficacité globale et d'articulation du social et du travail.

– Faire muter le système de management hiérarchique vers un modèle hybride mixant management vertical et horizontal. Depuis les années 1980, le modèle de management par objectifs, encore teinté du modèle militaire vertical et hiérarchique, a été efficace en termes d'alignement de tous sur des objectifs communs répartis en cascade. Mais il ne bénéficie pas du potentiel d'ouverture et d'agilité d'un monde ouvert et connecté, et ne répond pas aux aspirations et modes de vie des générations Y et Z.

Le modèle de management de demain sera hybride, à la fois vertical – pour l'alignement sur un but collectif, et horizontal – pour accélérer la diffusion d'information et la prise de décision, démultiplier les capacités de collaboration en réseaux, accélérer l'innovation provenant de sources multiples, et rester attractif aux yeux des jeunes.

Cette ouverture commence par la construction d'équipes diversifiées plus robustes et plus innovantes que les groupes de « clones ». La coopération en réseaux permettra aussi de démultiplier les formes d'apprentissage individuel et collectif, et révéler le potentiel de chaque salarié et chaque équipe, richesse sous-estimée et sous-utilisée.

– Jouer avec toutes les forces de l'écosystème de l'entreprise, en développant une approche stratégique de responsabilité sociale d'entreprise (RSE). La première étape est de ne pas considérer la RSE comme une simple contrainte supplémentaire de reporting, ou pire un exercice de « *social and green washing* » : quand la RSE environnementale et sociétale est liée au cœur du métier, elle prend tout son sens vis-à-vis des parties prenantes et devient une source d'attractivité et de sens.

La seconde étape consiste à considérer l'entreprise non comme une entité légale, mais comme l'ensemble des compétences de son écosystème de fournisseurs, distributeurs, syndicats, pouvoirs publics, territoires, universités, etc. Investir dans son écosystème pour le rendre plus robuste, compétent et performant s'avère non seulement nécessaire pour bâtir un modèle de business rentable et durable (le maillon faible qu'est un fournisseur en faillite peut paralyser toute une industrie), mais également une source d'innovation par la co-création.

Le point commun de ces trois défis ? Se situer pleinement dans les transformations à venir de la société, miser sur les hommes et les femmes d'entreprise et nourrir la culture d'entreprise, qui en est le facteur clé de cohésion et un avantage compétitif essentiel sur le long terme. Le pari de l'intelligence humaine est toujours fécond.

Avec ces trois défis en tête, je dirais que le DRH de demain sera appelé à devenir auprès du P-DG et au sein de l'équipe de direction :

- un jardinier de la culture d'entreprise ;
- un leader de la transformation ;

- un architecte du développement des talents et des réseaux ;
- un innovateur social et sociétal.

Voici ma conviction, après vingt ans de RH dont dix de DGRH au sein des comités exécutif de Danone et Dassault Systèmes et à travers mon observation en tant que membre de conseils d'administration. Le DRH de demain cheminera sur la ligne de crête entre entreprise et société, compétitivité et développement humain, compétition et coopération, professionnalisme et authenticité, autorité et empathie, court et long termes.

Les auteurs ont vu émerger une image proche du marcheur sur la ligne de crête : celle du DRH équilibriste. C'est la justesse et l'ingénieux mélange de courage, de lucidité, de solidarité et d'intuition qui permettra au DRH de demain d'apporter cette valeur de sens et de convergence dans l'action au sein de l'équipe dirigeante.

Devenir DRH, c'est accepter de se développer soi-même pour rendre service à la communauté humaine qu'est l'entreprise, par sens du jeu collectif, obsession de l'efficacité et passion à développer le fantastique réservoir qu'est le potentiel humain.

Bon chemin à toutes et tous !

Muriel Pénicaud

Le DRH au pouvoir, mais quel DRH ?
Ou la théorie de l'évolution

Dans son livre *Winning* paru en 2007[1], Jack Welch, le patron emblématique de General Electric, prévoyait : « *Le DRH sera le véritable numéro deux, au moins à égalité avec le CFO* [Directeur Financier]. »

Force est de reconnaître qu'en 2014, la prédiction est en voie de réalisation bien avancée dans les grandes entreprises françaises, ce qui préfigure une tendance positive pour toutes les entreprises dans les années à venir. Preuves en sont les enquêtes de rémunération où le poste de DRH, depuis 2010, progresse le plus par rapport aux membres du comité de direction. L'écart de rémunération avec le CFO se réduit : - 12 % en moyenne en 2013 contre – 35 % en 2008.

---

1. Welch J. & Welch S. : *Winning*, Harper, 2007.

Plusieurs bonnes raisons justifient l'inexorable montée en puissance de la fonction RH. Elles tiennent à l'histoire de cette fonction, à ce qui fait son cœur de métier, à ses acteurs, aux besoins des présidents pour s'adapter aux mutations environnementales, économiques et sociales. Et aux titulaires des postes RH qui en portent la responsabilité.

Tout au long de ce livre, nous verrons que les acteurs de la fonction RH, à tous les niveaux, technicien ou généraliste, jouent un rôle capital dans l'évolution de la fonction. « *Le pouvoir ne se donne pas, il se prend* », dit l'adage. De fait, les compétences et les comportements de chaque membre des équipes RH, dans chaque entreprise, ont contribué à façonner un kaléidoscope où les mêmes titres, les mêmes fonctions, les mêmes objectifs, bref les mêmes mots recouvrent des situations réelles très différentes selon ce qu'en font leurs acteurs.

En retraçant rapidement dans cette introduction l'histoire de la fonction, nous verrons que face aux changements permanents, certains se sont adaptés et ont pu jouer un rôle RH plus important. D'autres pas. Chaque période a offert des opportunités à ceux qui s'en donnaient les moyens, comme aujourd'hui, dans un contexte très chaotique, certes, qui accélère chaque jour les mutations nécessaires mais qui n'a jamais eu autant besoin de mobiliser toutes les ressources humaines, comme le montrent les chapitres de ce livre.

Un peu d'histoire

La fonction moderne s'est plutôt révélée dans les années 1970 avec l'irruption du social, où des syndicats forts et reconnus par le législateur s'appuyaient sur un droit social en pleine mutation, dont l'application stricte par les inspecteurs du travail ou par les juges était une découverte pour beaucoup.

De cette époque date une véritable spécificité française où la négociation sociale avec les institutions représentatives, l'analyse juridique d'un Code du travail de plus en plus massif et compliqué et les relations avec l'administration du travail se sont développées jusqu'à générer une expertise reconnue par tous, souvent critiquée, mais que personne dans l'entreprise ne conteste ou ne veut exercer à la place du titulaire. Expertise trop française, trop fastidieuse, trop complexe, trop bridante – « *non, on ne peut pas* » –, aucun président , actionnaire ou administrateur, ne souhaite cependant voir s'étaler dans la presse un mouvement social, des récriminations ou des manifestations, même symboliques, devant les portes du siège sans parler de l'impact potentiel considérable sur les clients et consommateurs.

Même si ce métier reste très franco-français, l'internationalisation des entreprises françaises les confronte à des situations déjà vécues dans l'Hexagone. Dans les pays émergents, par exemple, après l'euphorie de leurs dix à quinze « Glorieuses », voici venu le temps du ralentissement de la croissance, des revendications de pouvoir d'achat, d'un droit du travail étroitement mêlé au pouvoir politique et aux administrations. Des experts de la relation sociale retrouvent un avenir, pourvu qu'ils parlent anglais et soient ouverts au multiculturalisme.

Il n'y a plus de contrats signés, de clients ou de distributeurs rassurés si ces points ne sont pas validés par un expert. L'importance de l'expertise sociale ou RH française en grandit davantage.

Avec les années 1980, nouveau changement de titre. La Direction des ressources humaines se construit autour de boîtes à outils qu'elle installe, gère et consolide : direction par objectifs, appréciation de performances, plans de formation, gestion prévisionnelle des effectifs, plan de succession, et des politiques de rémunération (individualisée pour les cadres) qui accompagnaient ces premières tentatives pour mieux cerner la performance collective en mesurant celle de chaque individu.

Dans la première partie des années 1980, deux événements d'inégale importance allaient amplifier le rôle des DRH. D'une part, une récession économique sans précédent depuis la fin de la Seconde Guerre mondiale aux États-Unis (entre 1980 et 1984 sous Ronald Reagan), où les Américains découvrent atterrés que le Japon, en ruines vingt-cinq ans plus tôt, a pris le leadership sur des pans entiers de l'industrie, comme l'automobile, les appareils électroménagers, la photo, etc. Les techniques et nouvelles approches du business à la japonaise conduisent les entreprises à rapidement adapter les process comme les cercles de qualité, le Kanban, les 7 S[1], etc. Les DRH les plus professionnels en profitent pour être associés par les opérationnels aux premières conduites de changement et à la construction rapide d'un nouveau paradigme : les process de formation, notamment des managers, de participation et de communication ont un rôle très important à jouer. Les meilleurs DRH dirigent leur bonne exécution et se rendent indispensables.

Le second événement est plus modeste en apparence : la parution du livre *In search of excellence*[2] de Peters and Waterman, qui expose les recettes de management des grandes sociétés ayant passé cette crise sans dommages. Parmi les points clés du succès il est noté l'importance particulière apportée aux collaborateurs, la force inestimable d'une vision et de valeurs et le besoin de process efficaces. La présence dans toutes ces entreprises du DRH au comité de direction achève de propulser la fonction autour de la grande table et de rehausser le profil de son titulaire.

Avec les années 1990, qui commencent également par une crise économique sévère, après l'éclatement des bulles boursières et immobilières, et leur cortège de restructurations, la DRH progresse encore grâce à un

---

1. Les « 7 S » font référence au fameux modèle du cabinet de stratégie McKinsey : Strategy, Structure, Systems, Staff, Style, Skills, Superordinate goals.
2. Peters, T., Waterman, R., *In search of excellence*, Harper & Row, 1982.

professeur de l'Université du Michigan, David Ulrich[1], qui impose la notion de « *business partner* » : le DRH apparaît comme un généraliste de la fonction capable de répondre à tous les besoins des opérationnels en s'appuyant le cas échéant sur des experts techniques, au centre de l'organisation, qui assure l'homogénéité et l'expertise des métiers RH que sont à l'époque les relations sociales, la paie et l'administration, les avantages sociaux et la masse salariale, le développement et la formation, voire la communication interne.

L'impact de cette notion est encore très fort dans le langage actuel des équipes RH dont le métier s'est scindé en deux : les experts du siège et les généralistes du terrain.

Le DRH, *business partner*, est désormais assis à la table du Comex comme un partenaire… La singularité de cette notion (qui d'autre autour de la table de direction est « partenaire » ?) a fait regretter à beaucoup qu'il ne soit pas un membre de l'équipe à part entière.

Avec les années 2000, les choses vont s'accélérer. McKinsey popularise la notion de « guerre des talents »[2] et les présidents commencent à prendre conscience de l'impact heureux ou malheureux que peuvent avoir les hauts potentiels, comme on disait à l'époque, sur les résultats financiers de l'entreprise et sur sa croissance à

---

1. Ulrich, D., *Human Resource Champions*, Harvard Business School Press, 1997.
2. Michaels, E., Handfield-Jones, H., Axelrod, B., *The War for Talent*, Harvard Business Press, 2001.

moyen terme… Les présidents les plus éclairés prennent les choses en main et exigent de leur comité exécutif de faire de même. Le développement des talents devient un sujet stratégique débattu au comité exécutif, avec des KPI[1] et un reporting régulier, et devient un critère important pour la promotion des opérationnels. Les DRH n'en profitent pas tous ; on voit en effet des présidents nommer un directeur de la gestion des cadres à leurs côtés, voire un directeur d'université d'entreprise, qui ne reportent pas au DRH. Ce sont souvent d'anciens opérationnels qui connaissent la maison. Les DRH écartés de ces fonctions se rabattent sur les boîtes à outils et mettent en place des process de plus en plus sophistiqués que d'aucuns sur le terrain jugent longs et compliqués, et dans certains cas totalement inefficaces.

Autour de la mi-décennie, tout s'emballe. Les scandales à la chaîne du type Enron et les abus très médiatiques d'une infime minorité de dirigeants sur leur rémunération font imposer par le législateur, les actionnaires et les représentants patronaux eux-mêmes un corps de contraintes légales et morales. Les directeurs financiers ne peuvent couvrir ce champ-là, trop concentrés qu'ils sont sur le seul contrôle. Les secrétaires généraux à l'ancienne sont parfois dépassés par la vitesse et la virulence du changement. La voie est ouverte pour les DRH qui suivent et qui s'impliquent dans la gouvernance. Le DRH devient garant, arbitre, responsable de l'éthique au plus haut niveau. Le conseil d'administration, par

---

1. *Key Performance Indicators* ou Indicateurs clés de performance.

l'entremise du comité de rémunération, découvre une partie de la fonction RH souvent pour la première fois. Plus de responsabilités, donc plus de pression, savoir dire non à son patron et à ses pairs ; la dimension de la personne en charge s'accroît et le *turnover* des DRH s'accélère. « *Raise the bar* »[1] de la DRH devient le leitmotiv des directions.

Enfin, au cours des dernières années, nos sociétés composées historiquement et majoritairement d'hommes blancs occidentaux (et souvent à 100 % citoyens français) doivent encaisser les chocs de la compétition mondiale, l'émergence des émergents, seuls relais de croissance, les nouvelles technologies, la conscience de la planète dans l'opinion, et de notre responsabilité environnementale et sociétale. L'arrivée d'une nouvelle génération vraiment différente, la diversité, le stress et ses risques psychosociaux constituent aussi de nouveaux défis.

Tout cela au milieu d'une crise « sans précédent », qui ressemble bien plutôt à un changement profond de modèle économique, de paradigme, qu'à une crise de financement. Personne, parmi les dirigeants, n'a l'expérience ou n'a été formé à cette nouvelle donne : face aux changements incessants, chaotiques et de plus en plus rapides, les besoins se font chaque jour plus impératifs. Ne rien faire n'est pas une option.

---

1. Référence à une injonction, fréquemment observée, de la DG et du Comex pour « élever le niveau » de la fonction RH, en général, et du DRH en particulier.

Les présidents recherchent des individus capables d'anticiper ces tendances et de les traduire en termes de plans d'action compris par tous, des leaders capables de promouvoir les changements nécessaires à la survie de l'entreprise, tout en conservant ses valeurs et en faisant évoluer subtilement la culture.

Qui d'autre que le DRH pouvait être celui-là ?

À l'évidence, personne n'est mieux placé que le DRH. Cependant, à l'instar des décennies précédentes, l'environnement économique présente des opportunités que tous les DRH ne saisissent pas. La relation particulière avec le président ne suffit plus. Le conseil d'administration, les pairs du Comex, l'équipe de la DRH, le corps social de l'entreprise et même le corps externe (réputation/marque employeur), tous ont des vues très précises sur ce que doit faire la DRH.

La nature ayant horreur du vide, lorsque les professionnels en place de la DRH ne répondent pas assez bien, assez vite ou assez fort aux demandes du business, ils risquent d'être remplacés avec le même titre par d'autres profils, moins experts, moins techniques, mais plus leaders, plus décisifs ou plus rigoureux. La DRH est au cœur du projet, donc ses membres sont beaucoup plus exposés à la pression des résultats qu'avant.

Ce livre propose un regard lucide sur cette fonction

RH si passionnante et si décriée à la fois[1]. Il s'adresse à toutes celles et tous ceux, dans les petites et grandes entreprises, qui sont conscients de ces évolutions, de ces dérives parfois, et veulent y trouver des réponses pour jouer un rôle plus actif demain dans un Comex ou toute autre instance de gouvernance, afin de favoriser la croissance de leurs entreprises.

---

1. Added, E., Dartiguepeyrou, C., *Image et rayonnement du DRH, au-delà de l'attendu*, Manitoba/Les Belles Lettres, 2013.

Chapitre 1

Le contexte :
ce qui a changé depuis 2008

Si l'année 2008 a été marquée par l'énorme tsunami financier provoqué par la crise des *subprimes* que l'on avait vu apparaître des 2007, elle reste aussi celle du début de la plus grande transformation – au sens de changement de forme – de l'environnement économique que l'on ait connue depuis la grande crise de 1929. Ce qui a été souvent décrit, au cours des dernières années, comme une crise, est en fait un changement profond des règles du jeu économique produisant un impact direct sur les entreprises et particulièrement celles des pays qualifiés de « matures » en Europe de l'Ouest, d'Amérique du Nord et, bien sûr, d'Asie principalement au Japon.

Ces nouvelles règles du jeu correspondent à certaines des tendances déjà évoquées en 2006 par Jacques Attali dans *Une brève histoire de l'avenir*[1], où il y décrit avec conviction

---

1. Attali, J., *Une brève histoire de l'avenir*, Fayard, 2006.

sa vision de l'évolution du monde durant les cinquante prochaines années. Parmi les tendances qui marqueront selon lui cette évolution, deux sont particulièrement importantes : d'une part, les conséquences de la mondialisation avec le déclin de l'empire américain au profit des pays émergents et en particulier des fameux BRIC (Brésil, Russie, Inde et Chine) et, d'autre part, l'impact de la révolution technologique transformant une partie des salariés en « hypernomades ». Ces intuitions proposées avant le changement de paradigme économique auquel nous assistons depuis 2008 sont réellement visionnaires, et se révèlent, pour un certain nombre d'entre elles, des réalités d'aujourd'hui pour les entreprises.

Ainsi, le contexte que connaissent nos entreprises en Europe – et en France en particulier – depuis plus de cinq ans, a changé sur trois dimensions parmi les plus remarquables :

– L'accélération de la globalisation des activités marchandes avec la recherche de la croissance par les entreprises dans des pays émergents : les BRIC et les « Next Eleven » (incluant, entre autres, la Corée du Sud, l'Indonésie, le Mexique et la Turquie).

– Les bouleversements introduits par l'explosion de l'usage d'Internet et la révolution numérique avec, au cours des dernières années, la place prise par les réseaux sociaux, le nomadisme et le développement du *cloud computing* (l'informatique dans les nuages).

– Les mutations profondes de l'environnement social et sociétal avec l'arrivée des nouvelles générations – dont la fameuse génération Y – et les impératifs que représentent aujourd'hui pour l'entreprise le développement durable et la RSE.

L'évolution de ce contexte a bien évidemment des conséquences sur les attentes des présidents et autres parties prenantes (conseil d'administration, managers, collaborateurs, partenaires sociaux) à l'égard des DRH qui ont vu leur rôle – et donc leurs profils – se transformer assez profondément, comme le montreront les résultats, présentés dans le chapitre suivant, de l'enquête réalisée auprès des DRH du CAC 40 en 2013.

L'accélération de la globalisation

Le développement des activités de nos entreprises à l'international est une histoire, pour certaines d'entre elles, déjà très ancienne, comme le montre l'exemple de l'Air Liquide qui, dès 1907, soit cinq ans seulement après sa création, s'est lancé dans l'aventure asiatique avec une première implantation au Japon[1]. Toutefois, il faut le reconnaître, le véritable décollage de l'internationalisation des entreprises françaises ne date que d'une trentaine d'années, y compris pour les plus grandes d'entre elles. Au cours des années 1980 et 1990, la part du chiffre d'affaires et des effectifs en dehors de France, d'abord en Europe, puis rapidement dans le reste du monde, est devenue de plus en plus importante.

---

1. http://www.airliquide.com/fr/le-groupe/qui-nous-sommes/l-histoire-d-air-liquide/1906-cap-sur-linternational.html.

Les années 2000 ont vu nos entreprises, petites et grandes, développer frénétiquement leurs activités dans les grands pays émergents, considérés comme des relais de croissance indispensables. Parmi les pays prioritaires, ce sont évidemment les fameux BRIC qui ont fait l'objet des investissements les plus importants de la part de nos entreprises. Ayant des taux de croissance – aux alentours de 10 % – à faire rêver les pays « matures » d'Europe de l'Ouest, ces pays ont représenté pour nos entreprises un véritable Eldorado.

Plus récemment cependant, entre 2011 et 2013, certains de ces grands pays – comme l'Inde – ont montré des signes sérieux de ralentissement de leur économie pouvant remettre en cause certaines décisions d'investissements. C'est la raison pour laquelle nos entreprises ont élaboré parallèlement des stratégies de développement de leurs activités dans les pays émergents plus petits, mais à fort potentiel regroupés sous l'appellation « Next Eleven » (« Onze Suivants »), déjà évoquée plus haut. Ce groupe de pays rassemble des situations assez hétérogènes puisqu'on y trouve, entre autres, la Corée du Sud, l'Indonésie, le Mexique, la Turquie et le Vietnam. L'ensemble de ces derniers pays, avec les BRIC, représente indéniablement des opportunités de croissance mais également des risques en termes de stabilité, sécurité, voire de concurrence. Un phénomène, qui a démarré au début des années 2000 et s'est accéléré depuis quelques années, est l'internationalisation d'entreprises issues de ces pays comme, par exemple, l'entreprise indienne Mittal dans le secteur de la sidérurgie ou la Brésilienne Natura dans le secteur des cosmétiques.

En France, comme le note une étude récente d'Ernst & Young[1], la croissance des entreprises du CAC 40 entre 2009 et 2011 a résulté pour plus de 85 % de l'augmentation de leur chiffre d'affaires à l'étranger. L'année 2010 a été marquée par la véritable reprise de la croissance de l'activité des grands groupes français : comme le montre le tableau 1, le chiffre d'affaires global a connu une croissance de 8 % par rapport à 2009, répartie en une hausse de 4 % du chiffre d'affaires réalisée en France et une hausse de 10 % à l'international :

Tableau 1 : Chiffre d'affaires France et hors France des entreprises du CAC (2009-2011)

Année	Chiffre d'affaires en France		Chiffre d'affaires hors France		Chiffre d'affaires total
	M€	% CA Total	M€	% CA Total	M€
2008	363 033	28 %	911 645	72 %	1 274 678
2009	349 983	30 %	821 910	70 %	1 171 894
2010	364 688	29 %	900 298	71 %	1 264 985
2011	372 967	28 %	972 989	72 %	1 345 956

L'année 2012 a vu cette tendance se confirmer avec une stabilisation des effectifs en France, comme le souligne une étude publiée fin 2013[2], puisque un peu

---

1. Ernst & Young, *L'activité internationales des entreprises du CAC 40, édition 2012*, source : http://www.ey.com/FR/fr/Services/Specialty-Services/French-Business-Network/L-activite-internationale-des-entreprises-du-CAC-40
2. Alcaraz, M., Boisseau, L., « CAC 40 : des effectifs stables en France », *Les Échos*, 12 novembre 2013.

plus de 30 % des salariés des entreprises du CAC 40 restent basés dans l'Hexagone. Il est vrai, cependant, que l'on observe des différences importantes entre une entreprise comme EDF, qui compte encore, comme le montre le tableau 2, 81 % de ses salariés en France, à comparer aux 55 % seulement de son chiffre d'affaires réalisés localement, pendant que les mêmes chiffres pour Danone sont respectivement de 9 % et 10 % ou Kering (ex-PPR) de 6 % et 6 %.

Tableau 2 : Répartition 2012 des effectifs et chiffres d'affaires des entreprises du CAC

Effectifs		Chiffre d'affaires	
Total monde	Part France		Part France	Total monde en milliards d'euros

Total monde	Part France		Part France	Total monde en milliards d'euros
159 740	81%	EDF	55%	72,7
1 496	70%	Unibail-Rodamco	59%	1,3
170 531	62%	Orange	49%	43,5
62 558	61%	Safran	23%	13,6
133 779	58%	Bouygues	66%	33,5
192 701	56%	Vinci	63%	38,6
79 282	51%	Crédit Agricole SA	66%	16,3
219 330	50%	GDF SUEZ	37%	97,0
127 086	42%	Renault	26%	41,3
154 009	39%	Société Générale	43%	23,1
140 405	37%	EADS	8%	56,5
97 126	36%	Total	23%	200,1
318 376	33%	Veolia	41%	29,4
188 551	31%	BNP Paribas	32%	39,1
364 969	29%	Carrefour	46%	76,8
58 050	27%	Vivendi	55%	29,0
192 781	25%	Saint-Gobain	28%	43,2
111 974	25%	Sanofi	8%	34,9
12 000	25%	Gemalto	NC	2,2
29 100	24%	Solvay	8%	12,4
49 500	23%	Air Liquide	18%	15,3
23 177	23%	Vallourec	3%	5,3
48 460	22%	STMicroelectronics	2%	6,4
107 300	21%	Michelin	10%	21,5
113 400	21%	AXA (1)	24%	86,3
106 348	20%	LVMH	11%	28,1
92 645	19%	Alstom (2)	21%	20,3
72 637	18%	L'Oréal	9%	22,5
35 250	18%	Legrand	21%	4,5
125 110	17%	Capgemini	23%	10,3
18 777	15%	Pernod Ricard (2)	8%	8,6
139 989	14%	Schneider Electric	8%	23,9
133 886	13%	Accor	34%	5,6
65 000	10%	Lafarge	12%	15,8
50 700	10%	Essilor	NC	5,0
102 401	9%	Danone	10%	20,9
57 500	9%	Publicis	NC	6,6
245 000	8%	Arcelor Mittal (3)	7%	64,2
33 439	6%	Kering	6%	9,7
30 241	NC	Technip	NC	8,2

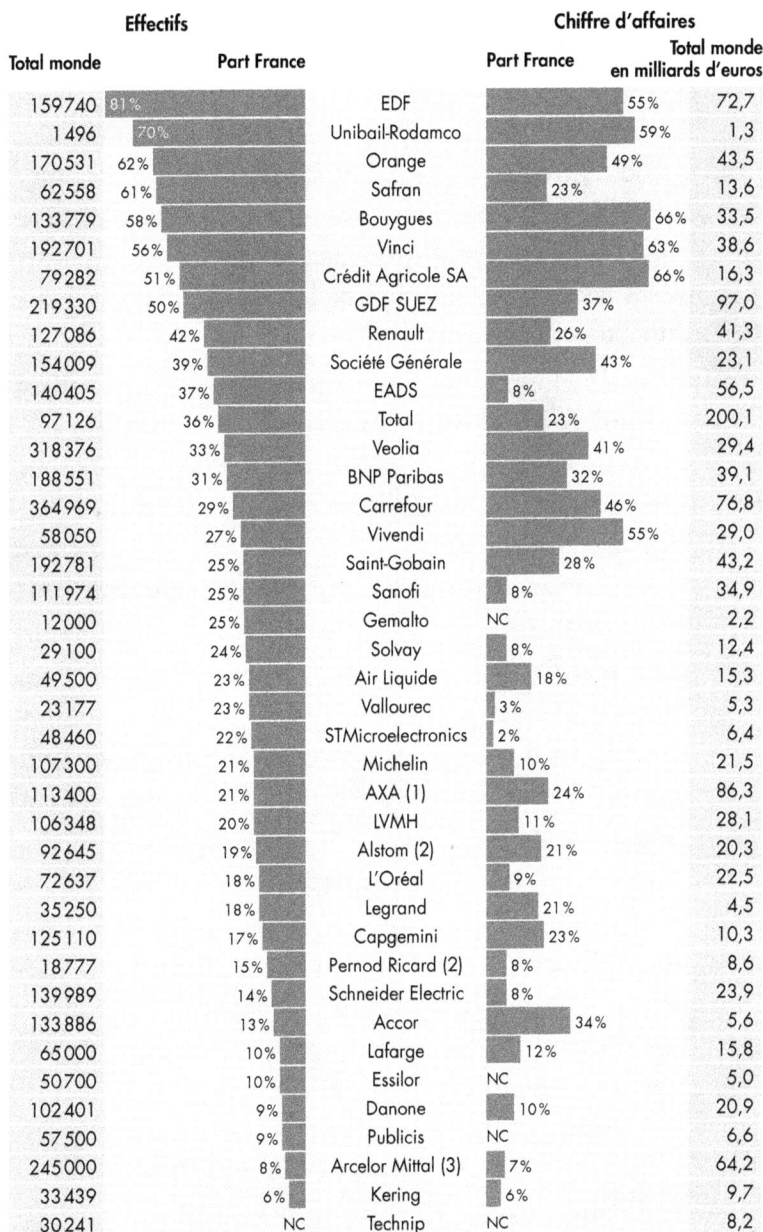

(1) Axa Assurances uniquement pour le chiffre d'affaires mais toutes activités pour les effectifs (2) Exercice décalé (3) Hors Aperam pour les effectifs

Source : « CAC 40 : des effectifs stables en France », *Les Échos*, 12 novembre 2013.

La révolution numérique

L'un des faits les plus marquants pour le fonctionnement de nos entreprises depuis 2008 est sans conteste ce qu'il est convenu d'appeler la révolution numérique, caractérisée par plusieurs phénomènes simultanés rendus possibles par la généralisation de l'usage d'Internet dans le contexte et en dehors du travail :

– Le développement phénoménal des réseaux sociaux d'abord publics, comme Facebook ou LinkedIn, puis privés dans les entreprises qui, comme France Telecom-Orange, avec son réseau social d'entreprise (RSE) Plazza créé fin 2010, a su conquérir en un an plus de trente mille collaborateurs ayant créé près de mille deux cents communautés.

– La prolifération des outils nomades de communication avec la vulgarisation de l'usage des smartphones et tablettes qui transforment progressivement les individus en « hypernomades », comme les caractérisait déjà Jacques Attali en 2006[1].

– La croissance exponentielle de l'usage de l'informatique dans les nuages qui donne la possibilité aux organisations et aux individus de se libérer de l'outil physique, représenté par un ordinateur et son disque dur stockant des données et applications, pour mener à bien les missions qui leur sont confiées.

---

1. *Op. cit.*

Comme le souligne un ouvrage récent[1], la caractéristique essentielle de cette révolution numérique est la place prépondérante prise par l'information qui apparaît comme de plus en plus personnalisée et poreuse, conduisant à un monde de quasi-totale transparence, comme l'a montré l'exemple de Wikileaks vis-à-vis des États. Par ailleurs, cette information circule dans des flux de plus en plus rapides, obligeant les organisations et les individus à accepter l'instantanéité comme règle de base dans leurs décisions et leurs actions. Enfin, l'individu se positionne lui-même dans un triple rôle comme producteur, transmetteur et consommateur d'informations.

Dans ce contexte, la généralisation des réseaux sociaux en dehors et au sein de l'entreprise a été présentée depuis quelques années comme une nécessité absolue pour rendre l'entreprise plus agile et plus collaborative. Ces réseaux créent des situations où les collaborateurs sont beaucoup plus autonomes et bénéficient, comme le souligne Michel Serres dans un petit ouvrage décapant[2], de la présomption des compétences avec la quantité incroyable d'informations disponibles sur Internet. Cependant, cette généralisation, sans doute inéluctable, de l'usage des réseaux sociaux dans nos entreprises, peut conduire les dirigeants à éprouver des craintes légitimes en raison des risques potentiels qu'ils peuvent

---

1. Enlart, S., Charbonnier, O., *À quoi ressemblera le travail demain ? Technologies numériques, nouvelles organisations et relations au travail,* Dunod, 2013.
2. Serres, M., *Petite Poucette, Manifestes,* Éditions le Pommier, 2012.

représenter sur le plan de la culture, de l'organisation, du management et des personnes[1].

– Sur le plan de la culture, tout d'abord, les réseaux sociaux peuvent bouleverser brutalement des valeurs traditionnelles sur lesquelles s'est construite l'entreprise avec, par exemple, la valeur de convivialité que l'on peut difficilement vivre dans le monde virtuel d'Internet, même si l'on peut avoir des milliers d'« amis » sur Facebook.

– Sur le plan de l'organisation, ensuite, le propre des réseaux sociaux est de « mettre à plat » une entreprise encore souvent caractérisée historiquement par une structure hiérarchique plus ou moins pesante. Dans le nouveau contexte organisationnel créé par les réseaux sociaux, tout le monde interagit avec tout le monde avec des risques de confusion et de débordement qui peuvent aller jusqu'au litige devant les tribunaux.

– Sur le plan du management, les réseaux sociaux peuvent accroître considérablement la distance entre les managers et les collaborateurs. Comme le souligne Maurice Thévenet[2], les managers distants se trouvent devant la grande difficulté de devoir imaginer de la proximité, créer des événements, rendre possibles des situations.

– Sur le plan des personnes enfin, les réseaux sociaux peuvent conduire certains individus à manipuler

1. Besseyre des Horts, C.-H., « Les DRH face à la diversité des réseaux sociaux : une crainte d'abord, un espoir ensuite », *Personnel - ANDRH*, n° 534, novembre 2012, pp. 82-84.
2. Thévenet, M., *Managers en quête d'auteur*, Manitoba/Les Belles Lettres, 2012.

eux-mêmes leur « identité numérique » pour mieux se vendre dans des jeux de pouvoir complexes. D'autres peuvent faire l'objet d'une véritable campagne de dénigrement de la part de tiers au sein de la même entreprise et parfois en dehors de l'entreprise.

Par ailleurs, la prolifération des outils nomades dans l'entreprise a largement été fondée sur la conviction, voire la certitude, que l'usage de ces outils procurait beaucoup plus d'avantages que d'inconvénients[1]. Au premier rang des avantages figure la flexibilité organisationnelle, permettant à l'entreprise de s'adapter plus facilement aux évolutions de son environnement. Le deuxième avantage concerne les gains de productivité résultant de l'utilisation de ces technologies, qui, entre autres, permettent de réduire les fameux temps morts subis par les collaborateurs en situation de mobilité. Le troisième avantage correspond à l'idée selon laquelle les outils nomades conduisent à rationaliser les processus organisationnels pour les rendre plus efficients, plus sûrs, et donc plus performants et moins coûteux. Le quatrième avantage consiste en une plus grande réactivité de l'entreprise par rapport aux demandes de ses parties prenantes, et particulièrement de ses clients. Le cinquième avantage à utiliser ces outils réside dans le fait qu'ils faciliteraient grandement le développement de la communication et du partage des connaissances au sein de l'entreprise. Le sixième avantage, lui, est la possibilité de réduction des coûts de structure et

---

1. Besseyre des Horts, C.-H., *L'entreprise mobile*, Pearson Education, 2008.

de fonctionnement, notamment par un recours plus important au travail à distance. Le septième et dernier avantage identifié est celui du renforcement de l'image de l'entreprise du fait que l'utilisation des outils nomades de dernière génération fait bénéficier celle-ci d'une aura d'avant-garde.

Au-delà des avantages qu'ils procurent, les outils nomades sont également susceptibles de générer pour l'entreprise un certain nombre d'inconvénients identifiés sous la forme de risques[1] :

– Un risque sécuritaire pour les systèmes d'information, dans la mesure où les outils nomades sont, par essence, utilisés en dehors des frontières de l'entreprise, et donc potentiellement sujets à une utilisation détournée, voire à des vols.

– Un risque de surcharge informationnelle – ou « infobésité » – conduisant à une perte de communication : trop d'information tue la communication.

– Un risque de dégradation des processus de décision, dans la mesure où les outils nomades peuvent conduire les individus à prendre des décisions dans l'urgence pour répondre aux exigences croissantes des partenaires, et notamment des clients.

– Un risque financier relatif à l'importance des investissements consentis pour déployer ces technologies sans s'assurer du retour réel sur ces investissements, en raison bien souvent d'un phénomène classique d'imitation des concurrents et/ou des partenaires.

---

1. *Ibid.*

– Un risque de perte du lien social en raison de l'éclatement progressif du collectif de travail si l'entreprise ne développe pas les mécanismes d'intégration des individus et des équipes qui, grâce ou à cause des outils nomades, travaillent en dehors des frontières géographiques et temporelles de l'organisation.

Le développement, enfin, du *cloud computing* constitue un troisième pilier de la révolution numérique avec la possibilité pour les entreprises et les individus d'externaliser sur le Web trois types de ressources[1] : les données, les applications et même le système d'exploitation. Le développement du *cloud* offre la possibilité d'un vrai nomadisme puisque la situation de travail est possible n'importe où et n'importe quand, dès lors que l'on a accès aux données et aux applications. Le fait que les données et les applications soient accessibles partout et par tous, du moins en théorie, car il ne faut pas sous-estimer la faiblesse de certains « tuyaux » d'Internet comme les serveurs et les réseaux (filaires ou mobiles), permet de renforcer les formes de collaboration à distance comme celle de travailler sur un même document alors que nous formons une équipe projet dispersée aux quatre coins de la planète.

Cependant, comme pour l'usage des réseaux sociaux et des outils nomades, le recours de plus en plus fréquent aux solutions *cloud* n'est pas sans risques[2] :

– Le coût réel d'utilisation en raison de la tarification

---

1. *À quoi ressemblera le travail demain ?*, op. cit.
2. *Ibid.*

parfois complexe comme a pu l'être il y a quelques années la facturation de l'usage des téléphones mobiles.

– La sécurité dans la mesure où les données, parfois stratégiques, de l'entreprise sont stockées dans des « fermes d'ordinateurs » dont nous ignorons tout.

– La dépendance à l'égard des hébergeurs de sites qui peuvent être amenés à freiner, voire à empêcher la migration des données vers un concurrent.

– Le syndrome *Big Brother* nous conduisant à penser que tout ce que nous faisons sur le *cloud* peut faire l'objet d'une surveillance permanente de nos actions par la traçabilité de nos décisions, comme on le voit déjà avec Amazon qui est capable, à partir de nos achats précédents, de nous proposer des livres et autres articles susceptibles de nous intéresser.

Les mutations de l'environnement social et sociétal

Après l'accélération de la globalisation et la prééminence de la révolution numérique, ce qui a caractérisé l'évolution du contexte que connaissent nos entreprises depuis 2008 tient aux mutations de l'environnement social et sociétal qui « impactent » nécessairement les stratégies qu'elles définissent et mettent en œuvre. Parmi ces mutations, deux d'entre elles méritent d'être signalées ici : l'influence grandissante des collaborateurs issus de la génération Y et le poids croissant des impératifs du développement durable et de la RSE.

La génération Y

En ce qui concerne tout d'abord la génération Y, celle-ci désigne les personnes nées entre la fin des années 1970 et le milieu des années 1990 (1978 à 1994). Elle tire son nom de la génération précédente, nommée « génération X ». On les appelle aussi génération « pourquoi » en raison de leur remise en cause systématique des contraintes qu'on peut leur imposer (« Y » en anglais se prononce « *why* »). En France, la génération Y regroupe environ seize millions de personnes, soit plus de 25 % de la population. Bien que certains nient l'existence d'une spécificité de la génération Y par rapport à celles qui l'ont précédée – les baby-boomers et la génération X –, il nous est possible de lister certaines attitudes et comportements habituellement présentés comme caractérisant cette génération[1].

Les jeunes de la génération Y se distinguent d'abord par un engagement citoyen et une conscience sociale les conduisant à s'impliquer dans des projets humanitaires, que ce soit dans le cadre de leurs études ou dans un premier emploi au sein d'une ONG. Ils ne font plus confiance à la « parole officielle », à la pensée structurée, qu'elle vienne de l'entreprise, du monde politique, religieux ou syndical. Ils sont connectés en permanence et bien renseignés sur l'entreprise par les sites officiels et surtout par les blogs et autres communautés virtuelles dans le cadre des réseaux sociaux.

---

1. Rollot, O., *La Génération Y*, PUF, 2012.

Impatients, les Y veulent des résultats rapides, qu'ils s'agissent des leurs ou de ce qu'ils attendent des autres. Ils ne s'embarrassent pas des procédures et des intermédiaires qui leur font perdre du temps. Ils attendent une gratification immédiate en échange de leur contribution. Ils sont multitâches – capables de lire un document, participer à une discussion sur messagerie instantanée, discuter avec vous et écouter de la musique – et court-termistes. Ils sont mobiles, interdépendants, communautaires, mais aussi simultanément individualistes et débrouillards. Ils s'ennuient rapidement quand ils n'apprennent plus rien. Ils réclament une qualité de vie conciliant travail et vie personnelle : le fameux « *work life balance* » n'est pas négociable. Ils sont ouverts sur le monde, notamment grâce à Internet, mais ne croient ni aux promesses ni à l'emploi à vie que nos entreprises ont encore parfois tendance à vendre dans l'offre de leur marque employeur.

L'influence croissante de la génération Y sur le fonctionnement de l'entreprise interroge de plus en plus l'organisation du travail et les pratiques de management. Ainsi, il faut aujourd'hui faire preuve de créativité et de transparence dans les pratiques de recrutement, de communication intergénérationnelle, d'évaluation de la performance et des systèmes de rétribution pour ne citer que celles qui sont les plus courantes. Mais c'est aussi en leur proposant un vrai parcours d'intégration et de développement que l'entreprise peut espérer attirer et surtout retenir des salariés qui ont une tendance naturelle à pratiquer le « zapping » entre les opportunités d'emplois qui se présentent à eux. Ce n'est pas un hasard si cette génération est aussi appelée la « moi génération », car elle a le sentiment qu'elle ne peut compter que sur elle-même pour évoluer personnellement et professionnellement. Les salariés issus de la génération Y attendent aussi que nous les écoutions, leur donnions de réelles responsabilités, bref que nous leur fassions confiance. Or ces pratiques managériales sont encore peu en vigueur dans l'entreprise traditionnelle.

La RSE

Autre mutation importante de l'environnement social et sociétal, le poids croissant des impératifs liés au développement durable (DD) et à la RSE. Il suffit pour s'en convaincre de constater que toutes les entreprises du CAC 40, sans exception, ont créé une fonction de Direction du Développement Durable et que 83 % des autres entreprises, membres du SBF 120[1], en ont créé une au cours des dernières années. Les *business models* ont été parfois entièrement redéfinis pour intégrer des objectifs de moyen et long termes comme une réduction sensible des consommations de matières premières et d'énergie dans la fabrication des produits ou l'efficacité environnementale des produits ou services offerts. C'est ainsi que Schneider Electric a totalement revisité son offre globale en mettant en avant une solution de gestion de l'énergie adaptée à chaque client pour lui permettre d'améliorer son bilan énergétique et ainsi de réaliser des économies substantielles.

---

1. Liste des cent vingt premières entreprises françaises cotées.

Les entreprises intègrent cependant de façon différente le développement durable dans leur stratégie : ainsi, pour 30 % des entreprises du SBF 120 (incluant le CAC 40), interrogées en 2013 dans le cas d'un baromètre spécifique[1], le développement durable est ancré dans le cœur de métier. La démarche DD est avancée et citée dans les documents financiers stratégiques du Groupe. Le directeur du développement durable dispose d'un budget propre qui lui procure une certaine marge de manœuvre. Il rencontre les directeurs des fonctions clés au sein d'un comité de pilotage et joue un rôle de coordination qui contribue à la diffusion de la démarche développement durable au sein du Groupe. À l'inverse, pour 22 % des entreprises interrogées, le développement durable n'est pas stratégique. Le budget de la direction du DD est restreint et partagé avec une autre direction, ce qui limite la marge de manœuvre du directeur. Celui-ci interagit avec les autres fonctions de manière informelle sans qu'un comité de pilotage n'ait été créé pour faciliter le déploiement de la politique au sein du Groupe. Ces entreprises ne disposent pas d'outils de mesure de la performance durable et aucun consultant externe n'est sollicité pour faciliter la mise en place de la démarche.

Au-delà de la dimension environnementale du développement durable, les enjeux de la RSE sont aujourd'hui reconnus dans les entreprises du CAC 40 par la création

---

1. Source : http://www.crepi.org/UserFiles/File/actu/barometre-de-la-fonction-developpement-durable-dans-les-entreprises-du-sbf-120-edition-2013.pdf

de comités spécialisés extra-financiers pour quatorze d'entre elles en 2011. Par exemple, en 2011, le « Comité des comptes et de l'audit » de Renault a été élargi au « Comité de l'audit, des risques et de l'éthique », dont les missions sont étendues au contrôle du respect des règles en matière d'éthique et de déontologie. Par ailleurs, en plus d'être abordés lors de ces comités spécialisés, les sujets liés à la RSE sont traités de plus en plus largement, soit directement à l'occasion des sessions plénières du Conseil d'Administration – comme c'est notamment le cas chez France Telecom Orange, GDF Suez, Lafarge, Société Générale ou encore Veolia Environnement – ou dans le cadre d'autres comités, le Comité des Nominations, de la Gouvernance ou encore des Rémunérations. Certains comités dédiés à la RSE ont même été fusionnés avec des Comités de Stratégie, à l'instar de la démarche observée dans le *top management*. À titre d'exemple, citons L'Oréal qui a créé un « Comité Stratégie et Développement durable » en 2010, en remplacement de son « Comité Stratégie et Réalisations » ; Lafarge qui dispose d'un « Comité Stratégie, Développement et Développement Durable », ou encore Veolia Environnement qui associe et innovation dans le cadre d'un « Comité Recherche, Innovation et Développement Durable » [1].

La tendance est à la prise en compte croissante des attentes des parties prenantes dans la construction des stratégies RSE des entreprises. Plusieurs sociétés

---

1. Source : http://www.bl-evolution.com/blog/la-rse-au-sein-du-cac-40/539

– comme Alcatel-Lucent, EADS, France Telecom Orange, Sanofi, STMicroelectronics, etc. – publient dans leurs rapports annuels un tableau de bord – appelé « matrice de matérialité » – qui positionne les enjeux RSE de l'entreprise vis-à-vis des attentes de ses parties prenantes, d'une part ; et de la stratégie, d'autre part. Des entreprises comme Lafarge et Danone ont, par ailleurs, sollicité leurs parties prenantes pour élaborer leur stratégie : le panel de parties prenantes de Lafarge a été impliqué dans la définition des Ambitions Développement Durable 2020 du Groupe, tandis que Danone a constitué un panel d'experts, de leaders d'opinion et d'ONG pour finaliser sa vision Nature 2020[1]. Areva, de son côté, a développé depuis plusieurs années une approche similaire en intégrant les parties prenantes dans un dialogue constructif compte tenu du débat autour de l'industrie nucléaire.

Comme on peut l'observer, les mutations de l'environnement social et sociétal ont, au cours des dernières années, pris une place majeure dans les choix stratégiques de nos entreprises petites et grandes. Et ceci est d'autant plus important que ces dernières doivent savoir gérer leur réputation qui devient un capital clé à l'heure de la transparence imposée par la révolution numérique. Or, nous sommes tous conscients que cette réputation est difficile à construire, mais peut être détruite en quelques heures ou quelques jours par une mauvaise décision ou une erreur stratégique qui ne traduirait pas

---

1. http://www.bl-evolution.com/blog/la-rse-au-sein-du-cac-40/539, *op. cit.*

dans la réalité les orientations affichées par l'entreprise sur le plan du développement durable et de la responsabilité sociale.

Une attente d'un rôle différent des DRH

Comme nous l'avons souligné tout au long de ce chapitre, le contexte que connaissent nos entreprises depuis 2008 a profondément changé avec l'accélération de la globalisation des activités et la montée des pays émergents, l'impact de la révolution numérique sur le fonctionnement de l'entreprise, et les mutations de l'environnement social et sociétal. Le contexte social que nous avons connu dans le passé s'est estompé pour laisser la place à un corps social composé de multiples segments (la génération Y, les femmes, les seniors, etc.) et au sociétal, ce qui remet un peu en perspective le rôle des acteurs traditionnels (Institutions Représentatives du Personnel, législateur, administration) du « social à l'ancienne ».

Face à ce qui apparaît de plus en plus comme un changement de paradigme économique, les présidents et les instances de gouvernance – le conseil d'administration en particulier – attendent de l'ensemble de l'équipe dirigeante une forte capacité à s'engager et à innover pour permettre à l'entreprise de s'adapter rapidement au contexte nouveau en faisant preuve d'agilité, voire de résilience.

Au sein de l'équipe dirigeante, le DRH a vu son rôle, et donc le profil associé, se transformer assez profondément sous l'influence du président et du conseil d'administration qui lui demandent d'être encore plus proche du *business*, d'avoir les compétences dans le pilotage du changement, notamment de la culture, de développer des stratégies d'attraction et de rétention des talents, et de renforcer son professionnalisme. Dans le chapitre suivant, les résultats de l'étude qualitative, menée auprès des DRH du CAC 40 en 2013, sont présentés et discutés pour illustrer de façon concrète comment les entreprises en général, et les DRH en particulier, ont répondu aux défis lancés par le changement du contexte depuis 2008. Comme nous pourrons le constater, les DRH de cette période ont été, en général, mal préparés au changement de paradigme économique. Cela explique le fort *turnover* des DRH du CAC 40 entre 2008 et 2013.

Chapitre 2

À nouvelles priorités, nouveau profil de DRH

Pour la première fois, une enquête complète a pu être menée sur les origines, la sociologie et la formation des DRH du CAC 40 : les données chiffrées ont été enrichies au travers de quarante entretiens personnalisés, les analyses qualitatives nous ont permis de dégager les consensus. Cette enquête a été réalisée au cours du deuxième et du troisième trimestre 2013.

L'analyse chiffrée (2008-2013)

Les DRH du CAC 40 se composent de neuf femmes (22,5 %) et trente et un hommes. À rapprocher du SBF 80 (composé du SBF 120 moins le CAC 40) où l'on retrouve 37 % de femmes et 44 % dans le Fortune 100/CHRO USA[1] (Cornell University Studies, Center for Advanced HR Services).

---

1. Wright, P., Boudreau, J., Pace, P., Libby Sartain, L., *The Chief HR Officer: Defining the New Role of Human Resource Leaders*, Jossey-Bass, 2011.

– L'âge moyen à nomination s'élevait à cinquante ans pour les hommes (comme aux États-Unis), et quarante-neuf ans pour les femmes.

– La formation école de commerce prévalait dans 35 % des cas, suivie de la formation juridique à 27 %, Sciences Po 15 % un peu de psychologie (5 %) ou lettres/histoire (5 %), ENA, etc.

– Nationalité : 20 % ne sont pas français.

– L'ancienneté moyenne dans le poste s'établit à un peu plus de trois ans, ce qui indique un taux de *turnover* important.

– *Turnover* : douze DRH ont été changés sur la période 2008-2009, vingt-deux en 2010-2012 et déjà huit en 2013, plus une sortie de la liste du CAC 40. Seules quatre entreprises ont un DRH ayant cinq ans ou plus d'ancienneté dans la fonction. Soit un taux de *turnover* de 18 % en moyenne annuelle sur la période 2008-2013, avec une accélération ces trois dernières années, à plus de 20 %. À noter que les États-Unis ont un taux comparable avec 50 % de *turnover* en trois ans, soit 18 % par an, ce qui souligne le fait que la France n'est pas un exemple isolé, mais se trouve bien au cœur de la révolution DRH, qui est internationale.

Cette tendance se confirme en 2013, puisque huit postes (20 %) ont changé de titulaire sans compter PSA et Alcatel, sortis du CAC 40 fin 2012 (mais cette dernière entreprise, Alcatel, y est revenue en décembre 2013 pour remplacer ST Microelectronics sorti à nouveau de la cote).

Enfin, pour être précis, il faut indiquer que la réalité se situe encore au-delà de ces chiffres. Dans au moins sept sociétés, la nomination du DRH actuel a suivi l'échec d'un DRH, nommé sans doute trop rapidement et qui n'est resté à son poste que quelques mois, voire une année. Ce qui revient à dire que le *turnover* réel a largement dépassé les 100 % sur la période considérée.

– Nouveaux profils : les titulaires des postes de DRH du CAC 40 viennent à 60 % de l'interne (23/40). Dans ces cas-là, les deux tiers (16/23) viennent des opérations, sans expérience RH précédente. Deux ont partagé leur carrière entre les opérations et la RH (8 %) et cinq (22,5 %) seulement viennent de la fonction RH en interne à l'entreprise.

Lorsque la succession des DRH se fait par recrutement externe (17/40, soit 42 %), une grande majorité (14/17) a fait toute sa carrière dans la DRH, un a partagé sa carrière avec la fonction Finance et trois autres sont des secrétaires généraux, en charge des fonctions centrales, dont fait partie la DRH qui lui rapporte et ne dispose pas de ce fait d'un accès direct au Comex.

Au total, sur les quarante DRH du CAC 40, dix-huit ne viennent pas de la DRH (quinze totalement opérationnels, trois ont connu précédemment une expérience RH), vingt viennent de la DRH, et l'on compte deux secrétaires généraux. La photo instantanée ne suffit pas, car il faut voir le film, c'est-à-dire les tendances.

En 2011 et 2012, c'est à plus de 50 % par des non-DRH que les successions ont été assurées. En 2013, sur les neuf nouveaux arrivants, six venaient des opérationnels ou secrétaires généraux, un de la DRH et deux étaient à ce jour sans successeur désigné.

En se comparant à l'enquête américaine, il est clair que le passage par l'opérationnel est déjà très répandu pour les DRH. Si seulement 10 % des DRH du Fortune 100 US viennent des opérations sans aucune expérience RH, 34 % viennent de la fonction DRH et 56 % ont partagé leur carrière entre les opérations et la DRH quelques années avant leur nomination au poste du haut. Ceci illustre bien que les Américains planifient sûrement plus à l'avance que d'autres la succession des postes importants et considèrent le poste de DRH comme un métier qu'on ne peut tenir avec succès sans quelques années d'expérience sur le terrain.

– Commentaires des DRH (verbatim) :

Sur le *turnover* : « *On voyait bien de nouvelles têtes arriver à chacun de nos dîners du CAC 40, mais pas à ce point-là.* »

Sur le remplacement par des opérationnels ou des DRH de l'extérieur : « *C'est très bon pour la fonction RH qui rentre totalement dans le business* » ; « *Cela valorise le cursus de toute la RH* » ; « *Cela devient un passage pour les plus talentueux* » ; « *Si les plus grandes entreprises françaises ont été incapables de promouvoir de l'interne quelqu'un de bien, c'est un échec amer pour la fonction en charge du plan de développement et du plan de succession* » ; « *Les cordonniers sont les plus mal chaussés* » ; « *Avant la période 2008-2010, il n'y avait pas vraiment de DRH groupe, la fonction était à créer* ».

Quelles raisons sont invoquées ? Éliminons déjà les fausses bonnes raisons : non, il n'y a pas de relève de génération, moins de 10 % des départs étant dus à une prise de retraite. Oui, il y a eu dans le même temps des changements de président , environ 50 % sur la période, quand les DRH changeaient à 100 %. Cela peut expliquer le *turnover* en partie, mais certainement pas pourquoi la succession des DRH ne se fait pas en développant la filière DRH interne à l'entreprise.

Pour mieux comprendre la véritable analyse des causes de ce bouleversement, les entretiens qualitatifs nous ont permis de préciser les choses, avec les mots des intéressés et les situations qu'ils ont vécues.

Pourquoi avez-vous été nommé DRH ?

DRH venant des opérations

Pour presque tous, c'était une surprise lorsque le président le leur a proposé. Ils ont d'abord cru avoir mal entendu. « *Je n'y aurais jamais pensé moi-même* » ; « *Les DRH ne sont pas dans le business et les gens du business ne sont pas attirés par la DRH* ». Puis après discussion avec le président , l'explication de son projet, son engagement pour intégrer les ressources humaines comme un pôle essentiel, l'accord s'est scellé pour accepter le poste, mais pour le temps nécessaire à la mission, pas pour y rester tout le reste de sa carrière.

Donnée statistique très importante : parmi ceux qui sont sortis du poste, tous les DRH qui venaient des opérations ont été « recasés » dans le Groupe ; tous ceux qui venaient de la DRH ont quitté le groupe (et un seul est revenu DRH du CAC 40 dans un autre groupe).

Pour la petite histoire, un seul d'entre eux, opérationnel, avait posé sa candidature interne au poste de DRH il y a plusieurs années. Il n'avait pas été choisi. Le poste changeant encore de titulaire, il avait de nouveau postulé, en vain. Comme l'élu n'a pas fait l'affaire, enfin le président a confié le poste à cet opérationnel qui aimait tant les RH.

Comme avait l'habitude de dire un DG, déjà senior, aux chasseurs de têtes qui le contactaient pour des postes de DG ou de président : « *Vous devez être dans une sacrée panade si vous en êtes réduits à penser à moi. Tous les autres ont donc refusé ?* » Les présidents ne trouvaient pas dans leur DRH interne, pourtant forte de cinq cents à deux mille personnes, vu la taille de leur Groupe, un bon profil pour un poste aussi prestigieux.

Voici les raisons évoquées pour faire appel aux opérationnels :

– Les présidents trouvent que les RH ne sont pas assez « orientés » *business*. Il leur faut quelqu'un qui comprenne les affaires, d'abord et avant tout ; qui comprenne le modèle économique, comment on gagne de l'argent.

– Le conseil d'administration veut quelqu'un de fort à ce poste, qui comprend les enjeux globaux de l'entreprise, qui peut intégrer les raisonnements du Conseil et apporter une perspective opérationnelle dans ses propositions.

– Les présidents veulent quelqu'un de plus directif, plus carré, plus leader qu'un DRH traditionnel qui a tendance à rester dans le moule et la précaution. Il s'agit de prendre le leadership sur les questions humaines.

– Tous ceux qui ont été nommés ont une expérience opérationnelle réussie à l'international, sur un autre continent, et connaissent les contraintes du business, des talents, des expatriés, dans un contexte multiculturel. Ce n'est pas à eux qu'il a fallu expliquer pourquoi attirer, retenir et développer les meilleurs talents constituait une priorité. Au contraire, ce sont eux qui, sur le terrain, ont le mieux réussi dans ce domaine.

– Comme nous l'avons évoqué dans le chapitre 1, les groupes du CAC 40 ont très fortement crû en chiffre d'affaires et en effectif, principalement à l'international comme nouveau relais de croissance. Un DRH France motivé ne suffisait plus. « *J'ai créé la fonction au niveau du groupe* » revient dans une bonne partie des entretiens. La France reste un « gros » pays, mais ce n'est plus qu'un pays.

– Beaucoup ont travaillé dans le passé avec un ou plusieurs membres du Comex au cours d'opérations de développement, de fusions/acquisitions ou de projets transversaux. C'est à cette occasion qu'ils ont croisé la route du président ou de celui allait le devenir. Même s'ils n'ont pas partagé beaucoup de réunions ensemble, c'est à la lumière de ces péripéties des affaires que le président a pu mesurer l'intelligence situationnelle, le courage, la loyauté, l'expression et la gestion des désaccords, le sens de l'humour, et la tenue d'une ligne politique malgré les pressions, notamment le respect des valeurs de l'entreprise.

– C'est dans ces conditions « à balles réelles » que les titulaires actuels ont développé leur réputation dans l'entreprise, aux yeux de tous, sur le terrain comme au siège, et le président en a tenu compte.

– Lorsqu'il faut nommer quelqu'un à ce poste, le président veut être sûr que le candidat jouit en interne à tous les niveaux (dirigeant, fonctions, siège, managers, syndicats, etc.) d'une bonne image, tout du moins d'un respect certain.

Le fait d'avoir vécu de près ou d'un peu plus loin des situations tendues dans la vie des affaires, avec des décisions difficiles, des prises de risque, des conflits, des crises, permet au président de se faire son idée sur tel ou tel candidat. L'exposition aux responsabilités opérationnelles difficiles devient clé pour se faire nommer à la tête de la DRH, pourvu qu'on y ait manifesté toujours un peu d'empathie. La confiance ne se décrète pas, elle se mérite.

Enfin, tous ont été choisis en interne, parce qu'ils connaissent la culture du groupe et ses valeurs. La culture devient un élément essentiel pour se fonder sur le passé et mobiliser les intelligences vers la transformation du futur. La culture du groupe constitue le ciment pour accueillir la diversité géographique et générationnelle. Les dirigeants se doivent tous de la respecter, au DRH de l'inspirer.

Tous ont reçu leur fonction de DRH comme une fonction à manager, une unité comme une autre composée d'experts et de techniciens pointus, avec ses règles et ses croyances, mais que le leader nouvellement nommé doit mener vers le changement et l'exemplarité pour faciliter le succès de la nouvelle stratégie du Groupe. Le DRH nouveau est devenu un *business leader* qui doit montrer la voie et l'exemple.

DRH recrutés à l'extérieur

Dans la plupart des cas, il fallait faire venir quelqu'un qui ne soit pas impliqué dans le passé de l'entreprise. Le DRH précédent était « grillé » avec le Comex, le comité de rémunération, les syndicats ou sa propre équipe, et le président ne pouvait plus le conserver.

D'autre part, la taille du groupe avait crû tellement vite à l'international qu'il fallait une personne disposant de cette expérience pour intégrer le nouvel ensemble, coordonner les politiques mondiales et communiquer avec tous les salariés du groupe.

Dans la plupart des cas, la France ne constitue plus la majorité du groupe en termes de chiffre d'affaires. Comme le montre le chapitre 1, quatorze entreprises du CAC font moins de 10 % de leur chiffre d'affaires en France et 70 % des employés des sociétés du CAC travaillent hors de France. La France devient une entité pays, un gros pays, au sein du continent européen, mais se distingue nettement des activités Groupe basées à Paris.

Le DRH France qui rapporte au DG France occupe un poste important pour gérer la complexité des relations sociales en France en priorité. Comme aucun président n'a envie de courir le risque de ne pas respecter à 100 % le Code du travail français, qui chaque jour se complexifie davantage, ou, pire encore, de vivre un conflit social sur le territoire du siège social, le poste de DRH France fait l'objet de tous les égards au sein de la DRH groupe et appelle une expertise très particulière qui passe par une connaissance fine du droit social, de l'administration du travail et des syndicats représentatifs.

Pour presque tous les DRH recrutés à l'extérieur, à l'exception de trois entreprises, leur carrière s'est déroulée dans plusieurs sociétés et sur plusieurs continents.

Tous sont recrutés pour incarner un changement politique visible en interne, et même à l'externe pour les réseaux sociaux ou lorsque les analystes financiers peuvent s'inquiéter du manque de liant entre l'économique et le social dans une entreprise. Souvent, leur arrivée résout un problème d'image ou rétablit la confiance.

Leurs expériences précédentes, le même type de problèmes, un secteur d'activité pas trop éloigné, les ont placés sur la liste des candidats. La volonté d'avoir un œil neuf, qui apporte des outils modernes, qui sait convaincre et communiquer dans plusieurs cultures, a fait le reste.

Les heureux élus notent que les entretiens avec le président ont donné lieu à des discussions passionnantes.

Les problèmes du président étaient apparemment restés sans réponse satisfaisante sous l'angle humain depuis quelque temps.

Au fil des discussions du président avec les candidats DRH, les spécifications du poste des chasseurs de têtes ont été remaniées et complétées pour tenir compte de toute la complexité de la fonction : gouvernance, RSE, *risk management*, réseaux sociaux, marque employeur, etc., peu de présidents savaient qu'un DRH de qualité pouvait intégrer toutes ces dimensions et bien d'autres choses encore, au-delà des techniques de base de la DRH. La méconnaissance des présidents sur ce qu'un DRH moderne peut apporter est sans doute l'une des raisons du recrutement d'un non-DRH.

Enfin, tous ont été sélectionnés sur leur capacité à renforcer les équipes RH en expertise, en qualité de services, et à se mettre au niveau demandé. « *La fonction n'existait pas* », entend-on dire très souvent, au sens où des secteurs entiers n'étaient pas couverts par la DRH Groupe : l'international, la vente, la production, sauf pour les syndicats, l'organisation, etc.

DRH issus de la DRH intérieure

Leur très petit nombre, cinq, ne permet pas de tirer des conclusions statistiques. Dans la plupart des cas :

– Ils ont connu le P-DG dans le groupe avant sa nomination. C'est lui qui les a fait venir « naturellement » auprès de lui pour conduire, comme toujours, la politique de l'entreprise, celle du patron. Dans ces cas-là, c'est un tandem qui existe depuis longtemps et qui a fait preuve de son efficacité opérationnelle.

– Ils travaillaient auparavant dans une fonction technique avec des membres du Comité de Rémunération et avec le P-DG. Les voilà en charge de mettre en place l'ensemble de la fonction dans tout le groupe, en veillant scrupuleusement à centraliser les process, mais pas les décisions.

– Enfin, ils étaient au plan de succession, développés selon un plan solide, connus et respectés dans l'organisation, ayant prouvé au président leur sens de la réalisation d'objectifs RH dans des divisions ou des continents.

Le changement, c'est maintenant

Parlons clairement : dans la quasi-totalité des cas, les présidents n'ont pas trouvé ceux qu'ils cherchaient en interne. C'est une mauvaise note pour l'ensemble de la fonction.

Une analyse lucide, nécessaire pour mieux rebondir, oblige à dire que la fonction RH n'a pas su anticiper les besoins, promouvoir son expertise, convaincre les dirigeants de son leadership, tout du moins en interne.

Et pourtant, il n'est pas de séminaire, de colloque, de congrès, de dîner sans que des orateurs péremptoires ne déclament sur tous les tons leur stratégie RH, leur impact sur l'entreprise et l'amour que leur portent les opérationnels, sans compter le président , qui apprend les RH à leur contact…

Soyons sérieux : en termes sportifs, le métier de la fonction RH a perdu le match aller. Cent pour cent des successeurs en 2013 venaient des opérations. « *Si chacun peut avoir sa propre opinion, chacun ne peut avoir ses propres faits* » (David Ogilvy[1]). Ce constat est clair.

Rien n'est perdu, cependant. Toute une génération de DRH est prête à se battre et à se développer pour regagner sa place et faire reconnaître le métier : expérience et savoir-faire spécifiques sont les plus importants dans cette fonction. Si l'on considère que le *turnover* va continuer, et que les opérationnels ne vont pas forcément rester dans la DRH pour poursuivre leur carrière, mais plutôt évoluer dans d'autres fonctions, et, ironiquement, parce que les meilleurs DRH se verront proposer des postes opérationnels, véritable reconnaissance de leurs talents de dirigeants pour la communauté, les opportunités reviendront assez vite pour ceux qui auront su tirer les leçons du constat.

Reste pour la DRH à changer d'attitude, à monter en niveau, et à s'emparer du leadership des questions humaines de l'entreprise en termes concrets et mesurables, avec une véritable valeur ajoutée, celle qui fait la différence entre un professionnel des RH et quelqu'un qui n'en a jamais fait.

Pour ce faire, les présidents demandent à la fonction RH de s'engager et de faire ses preuves dans quatre chantiers prioritaires qui vont faire l'objet d'une analyse plus détaillée dans les prochains chapitres.

---

1. Ce Britannique (1911-1999) fut l'un des acteurs majeurs de la publicité.

Chapitre 3

Les transformations de l'organisation

Lors des entretiens réalisés avec les DRH du CAC 40, la première des priorités exprimées par les personnes interrogées concerne le rôle de la fonction RH dans les transformations de l'organisation pour accompagner les changements stratégiques mis en œuvre au cours des dernières années, et plus particulièrement depuis 2008. Il s'agit notamment de permettre à l'entreprise de pouvoir répondre aux défis lancés par les évolutions profondes, décrites dans le premier chapitre, de l'environnement économique : l'accélération de la globalisation, l'impact de la révolution numérique et les mutations de l'environnement social et sociétal.

On demande à l'entreprise d'être beaucoup plus agile dans un contexte de plus en plus imprévisible. Cette agilité se traduit concrètement, tout d'abord, par le souci qu'ont les dirigeants d'accroître la vitesse de réaction de l'entreprise par rapport à des événements qui n'avaient été ni planifiés ni même envisagés. La flexibilité et l'adaptabilité sont les caractéristiques de cette agilité que l'on doit retrouver aussi bien dans les structures que dans les processus. Cependant, le développement de l'entreprise agile ne doit pas se faire aux dépens de la rigueur budgétaire, car les DRH expriment clairement la nécessité de conduire les transformations nécessaires de l'organisation au meilleur coût compte tenu des marges qui, dans de nombreux secteurs, se réduisent tendanciellement, comme nous pouvons l'observer aujourd'hui dans la téléphonie mobile en France et à l'étranger.

Pour répondre à cette priorité des dirigeants, les RH, fonction la plus transversale de l'entreprise, sont évidemment l'une des plus concernées pour concevoir et piloter les changements prévus. David Ulrich, l'un des auteurs parmi les plus influents dans le domaine des ressources humaines aux États-Unis, avait montré dès 1997 dans son livre *Human Resource Champions*[1] que le rôle « d'agent du changement » était l'un des quatre rôles majeurs que la fonction RH devait pouvoir jouer en parallèle avec ceux de « l'expert administratif », du « champion des employés » et du « partenaire stratégique ». Le rôle clé de la fonction RH dans les transformations de l'organisation a même été renforcé dans un livre récent qu'il a publié avec d'autres auteurs[2], car,

---

1. Ulrich, D., *Human Resource Champions*, Harvard Business School Press, 1997.
2. Ulrich D., Younger, J., Brockbank, W., Ulrich, M., *HR from the Outside In*, Mc Graw Hill, 2012.

au-delà du rôle de « champion – et non plus seulement d'agent – du changement », il souligne l'importance pour les DRH d'être également des « activistes crédibles » et des « innovateurs et intégrateurs ».

Dans la première partie de ce chapitre nous préciserons les attentes des dirigeants et des autres parties prenantes vis-à-vis de la fonction RH pour piloter et accompagner les transformations de l'organisation rendues nécessaires par les évolutions du contexte stratégique, voire du *business model* comme nous l'avons vu, par exemple, depuis quelques années avec une entreprise comme Schneider Electric[1], qui offre aujourd'hui des solutions de gestion de l'énergie à ses clients. La même tendance s'observe dans d'autres secteurs, comme celui des banques – BNP Paribas, Société Générale, Crédit Agricole, BPCE, etc. – ou d'autres activités industrielles – Air Liquide, Vallourec, Lafarge, etc.

La deuxième partie de ce chapitre nous permettra de montrer que, selon les répondants à l'enquête des DRH du CAC 40, la fonction RH n'a pas toujours été en position de pilote et d'accompagnement des transformations de l'organisation et qu'on lui reproche régulièrement d'être trop timorée, voire en retrait, dans des circonstances où l'on attendrait de sa part un comportement beaucoup plus proactif.

Dans la troisième partie, nous esquissons quelques pistes pour permettre aux DRH de se positionner en

---

1. http://www2.schneider-electric.com/documents/presentation/fr/local/2013/03/schneider_electric_rapport-annuel_2012.pdf

acteurs majeurs dans le pilotage et l'accompagnement des transformations de l'organisation. La conclusion insistera sur la nécessaire exemplarité des managers et de la fonction RH pour réussir le changement.

Les attentes des dirigeants et des autres parties prenantes

Les DRH du CAC 40 interrogés insistent sur le fait que les besoins de croissance de leurs entreprises au cours de la dernière décennie – en particulier depuis 2008 – ont conduit les dirigeants à accélérer le développement de leurs entreprises à l'international. Il est particulièrement remarquable de noter que le nombre de pays où ces entreprises sont aujourd'hui implantées s'est largement accru, notamment dans les BRIC et les « Next Eleven » où elles investissent, s'implantent ou procèdent à des fusions-acquisitions. De fait, l'essentiel de la croissance du nombre de collaborateurs est dû au développement des activités sur un plan global, comme l'ont montré les statistiques données dans le premier chapitre. Les dirigeants attendent de la fonction RH qu'elle puisse accompagner ce développement au-delà des frontières de l'Europe en gérant des collaborateurs de plus en plus divers sur le plan de leurs origines et leurs cultures. L'enjeu consiste à trouver un équilibre entre le global et le local.

Les métiers deviennent de plus en plus complexes, s'appuyant sur des techniques très pointues et vite dépassées par d'autres qui surgissent un peu partout dans le monde. La globalisation apporte son lot de complexités lorsqu'il s'agit, par exemple, de traiter avec des clients ou des administrations locales qui obéissent à des règles particulières. Plutôt que de chercher à appliquer des process très centralisés, les dirigeants et autres parties prenantes attendent de la fonction RH qu'elle invente des modes de fonctionnement où la vitesse de réaction, l'adaptabilité et l'imagination pour trouver des solutions deviennent des habitudes fortement ancrées. Les DRH doivent aussi décider de ce qui est vraiment essentiel à garder centralisé.

Les résultats de l'enquête montrent qu'on attend de plus en plus du DRH un véritable leadership dans les opérations de transformation. Il doit veiller en permanence à imaginer, définir ou promouvoir l'organisation optimale pour répondre aux défis du changement stratégique, ce qui implique une remise en question des ordres anciens et des fiefs et autres baronnies solidement implantés (et tenus par des membres du Comex en place !). Les dirigeants attendent de la fonction RH beaucoup plus qu'une simple idée ou une recommandation : elle doit être capable de prendre l'initiative, de proposer des plans concrets et complets de transformations et ceci en obtenant, avec de l'influence, l'accord des autres membres du Comex pour en assurer l'exécution en temps, en heure et en budget. Cette capacité à influencer dans les situations de transformation rappelle assez fortement le rôle « d'activiste crédible » proposé par Ulrich et ses collègues dans le livre déjà cité[1].

---

1. *HR from the Outside In, op. cit.*

Les dirigeants et les autres parties prenantes attendent du DRH qu'il soit un architecte plutôt qu'un chef d'orchestre. Il faut en effet bâtir une organisation de plus en plus grande, qui change régulièrement, et dont chaque morceau a des ramifications avec l'ensemble. Les collègues du Comex ont aussi leurs idées sur les changements qu'il faudrait faire rapidement dans chacun de leurs territoires. Bien que les actions demandées, rapidement, au DRH soient rarement en conformité avec le Code du travail, c'est dans sa capacité d'architecte que le DRH doit organiser et ordonner l'ensemble… dans le respect du cadre légal.

Et, au-delà des questions générales, on peut identifier des thématiques plus particulières à l'entreprise qui voudrait décliner son enjeu stratégique majeur comme l'ouverture vers l'extérieur, pour les entreprises traditionnellement repliées sur elles-mêmes ; l'innovation et la prise de décision – la plus proche possible du client pour celles qui étaient traditionnellement très centralisées et dirigées par quelques personnes clés au siège.

En définitive, ce qu'attendent les dirigeants et les autres parties prenantes du DRH c'est qu'il dépasse leurs attentes en proposant des initiatives, en sachant les faire accepter, en accompagnant le changement et tout ceci en maîtrisant les coûts. Sur ce dernier point, la fonction RH est particulièrement attendue sur sa capacité à proposer des actions de transformation qui restent dans des cadres budgétaires forcément limités, voire réduits. Force est de reconnaître que cet enjeu de maîtrise des coûts est susceptible de brider certaines initiatives de changement de l'organisation en raison de fortes incertitudes sur les investissements à réaliser et surtout les retours possibles à court terme, notamment en Europe, au contraire des autres régions du monde qui sont en expansion. Cela renforce la distance prise par le DRH hors de sa « zone de confort », contre les habitudes, voire contre le pays du siège. Dans ce contexte, le DRH doit montrer qu'il est d'abord au service du Groupe et, surtout, qu'il ne favorise pas la France dans ses décisions.

Les points clés auxquels la fonction RH n'a pas toujours répondu

Lors de l'enquête, les DRH interrogés ont reconnu que la fonction RH n'était pas toujours au rendez-vous lorsqu'il s'agissait de piloter et d'accompagner les transformations de l'organisation. Ils reconnaissent que les dirigeants et les autres parties prenantes adressent un certain nombre de reproches récurrents à la fonction ressources humaines que l'on peut synthétiser comme un manque de proactivité dans des situations qui exigeraient beaucoup plus d'initiative et de prise de risques.

Un premier point clé souligné par les répondants est celui de l'image ou de l'exercice d'une fonction « régalienne » qui s'est contentée, dans le passé, d'assurer une harmonie dans les relations sociales en négociant des accords coûteux – la paix sociale a un prix – pour garantir le changement. Aujourd'hui, le besoin d'accompagnement est plus compliqué : la négociation est indispensable, mais elle n'est plus entièrement sociale. Le temps de la négociation sociale est beaucoup plus lent que le temps du business, le risque est élevé d'un divorce entre les deux. Par voie de conséquence, il faut que le DRH sache négocier avec l'ensemble des parties prenantes (les Directeurs Généraux concernés, leurs équipes, leurs Comex, les partenaires sociaux et les représentants des salariés, etc.) pour réussir le changement dans les temps et les budgets prévus, tout en s'assurant de l'engagement de tous.

Un autre point faible a été la difficulté traditionnelle de la fonction RH à aller bien au-delà d'une recommandation dans les situations de transformation. Être capable de faire adopter par son Comex des plans complets et concrets de changement n'était pas une réalité souvent observée dans les entreprises. Et pourtant, l'influence du DRH sur les membres du Comex peut être essentielle, pour les convaincre que le changement est bon pour l'entreprise et les business dont ils ont la responsabilité, et pour qu'ils adoptent ensemble le calendrier d'exécution en temps, en heure, et en budget. Si le plan RH de transformation ne provient pas d'un accord clair, planifié et chiffré, avec des KPI[1] de réalisation, les chances de succès diminuent considérablement.

Une autre attente qui n'est pas toujours satisfaite, selon les répondants, dans les situations de transformation, est celle de l'expertise des fonctions techniques RH concernées (relations sociales, développement, transformation) qui restent des rouages essentiels de la fonction.

---

1. Key Performance Indicators, indicateurs clés de succès.

Le DRH devrait pouvoir s'appuyer sur ces expertises, mais, en cas de déception par rapport aux attentes, elles seront vite remplacées – on dit « remonter le niveau » – par d'autres, soit des opérationnels, soit des consultants extérieurs. Quelle entreprise aujourd'hui entame un projet majeur de restructuration sans une équipe « extérieure » de spécialistes (avocats, spécialistes des restructurations, communicants, etc.) qui ont pour mission d'apporter un soutien à l'équipe RH ?

Une question souvent abordée est celle de l'exposition personnelle du DRH dans les situations de transformation qui signifient bien souvent des remises en cause du passé, des habitudes, des « griefs » dans certains cas, et donc dérangent les opérationnels dans leur « zone de confort ». Le jeu « traditionnel » des opérationnels consiste en effet à demander à la fonction RH de procéder à des changements rapides et à montrer ensuite qu'ils ne sont pas satisfaits des résultats obtenus, sachant qu'eux-mêmes ont souvent été des freins au changement. Il faut reconnaître que la fonction RH d'hier avait tendance à peu s'exposer et attendre les décisions du P-DG et/ou du Comex pour commencer à prendre en charge la transformation, ce qu'elle ne faisait pas assez bien, assez vite, et à des coûts jugés excessifs. Par voie de conséquence, le discours des DRH sur la prudence, la complexité et les risques a été le plus souvent interprété comme un manque de leadership, un manque de courage et même un manque d'efficacité.

Enfin, le dernier point faible souligné par les répondants lors de l'enquête était la difficulté, voire le désintérêt, pour certains DRH, à s'attacher à connaître en détail toutes les évolutions du *business*. De fait, ils étaient exclus de nombreux chantiers de transformation concernant, par exemple, la production ou la force de vente. Par ailleurs, certains dirigeants ont été déçus par leur fonction RH qui ne savait pas proposer ni formaliser un plan de transformation au moindre coût. Des initiatives intéressantes ont pourtant été lancées dans plusieurs entreprises, comme le télétravail, mais sans qu'elles soient réellement évaluées : quel coût réel ? Quel retour sur investissement ? Ce sont les questions auxquelles ces DRH ne pouvaient pas toujours apporter une réponse claire

Quelques pistes pour permettre à la fonction RH de satisfaire les attentes des dirigeants

L'une des premières pistes est la création d'une fonction organisation/développement, au sein de la fonction RH, qui utilise des compétences spécialisées dans le champ de la transformation de l'organisation. Certains DRH font appel régulièrement à des cabinets spécialisés. Tous travaillent en équipe avec d'autres fonctions de l'entreprise, comme les systèmes d'information ou la direction de la stratégie. Danone a été historiquement l'une des entreprises qui a intégré depuis longtemps la fonction organisation à la fonction RH à tous les niveaux de l'entreprise, aussi bien en central au siège que dans les usines. Ce modèle s'est inspiré du double projet économique et social si cher à Antoine Riboud dans les années 1970, mais qui perdure encore aujourd'hui sous une forme rénovée intégrant la responsabilité sociale de l'entreprise.

Une autre opportunité pour les DRH est de profiter des changements impliqués par l'internationalisation. Le DRH devient celui qui a une voix prépondérante lorsqu'il s'agit de déterminer ce qui sera centralisé, ou pas, ce qui sera consolidé et à quel niveau, quelles seront les nouvelles structures du groupe. Le choix des hommes lui incombe dans cette nouvelle organisation comme dans les fusions-acquisitions. Un enjeu important est celui du choix et de la mise en œuvre de la diversité des équipes managériales dans les pays et au siège. Le temps est en effet révolu des équipes uniquement staffées par des cadres expatriés du siège. La montée des talents locaux est devenue un impératif pour attirer et retenir les meilleures compétences dont l'entreprise a besoin, comme le précise le chapitre 4. Lourde responsabilité qui engage son auteur, mais qui lui donne en même temps un pouvoir d'influence unique sur le Comex.

Une autre piste soulignée par les répondants est l'action que peut mener la fonction RH dans les entreprises où le siège du groupe reste en France, mais dont l'activité, comme nous l'avons vu dans le premier chapitre, se fait à 90 % à l'extérieur du territoire national. La question principale est de savoir comment traiter le pays France qui reste, certes, un gros pays mais avec une organisation propre (direction financière, direction du marketing, DRH France, etc.) bien distincte de l'organisation

Groupe et pourtant située dans le même bâtiment. Faut-il continuer à traiter de façon spécifique la France ou l'intégrer dans la zone Europe de l'Ouest avec d'autres grands pays qui peuvent représenter les mêmes niveaux d'activité ? Le nouveau DRH du Groupe n'est plus, en effet, l'accompagnateur social des décisions de l'entreprise en France, dont le rôle principal – diversement apprécié par ses collègues – consistait à énumérer les difficultés syndicales, humaines, psychosociales que tout changement allait provoquer, tout en réclamant du temps et beaucoup de prudence.

Ensuite, pour renforcer son rôle dans les situations de transformation, le DRH peut entrer de plain-pied dans le *business*, comme dirigeant, à égalité sinon plus avec les membres du Comex. La notion de « *business partner* » a vécu, celle de « *business leader* » a émergé. Il s'agit en effet pour le DRH d'apporter des solutions pratiques, en tenant compte de l'angle humain, aux changements de *business model* et d'en diriger la réalisation concrète. Il y a une part d'ingénierie sociale, mais surtout de conduite du changement, d'engagement des collaborateurs, des cadres intermédiaires, de gestion de projet en incluant toutes les parties prenantes de l'entreprise. La fonction RH doit former et communiquer, entraîner et convaincre.

On le voit bien, lorsqu'on interroge les DRH sur leurs principaux sujets de satisfaction[1], le conseil auprès des managers sur les sujets RH et l'accompagnement humain

---

1. « Les enquêtes de l'observatoire CEGOS : radioscopie des DRH », juin 2012.

des projets de changement sont en tête des thématiques spontanément citées. Le tableau 3 montre la hiérarchie de ces sujets de satisfaction pour les DRH en 2012 :

Tableau 3 : Sujets de satisfaction pour les DRH en 2012[1]

Quels sont vos principaux sujets de satisfaction ?

Jouer un rôle de conseil sur les ressources humaines auprès des managers	55%
Accompagner humainement les projets de changements	41%
Gérer des situations difficiles en respectant la personne	35%
Être au cœur des décisions stratégiques de mon entreprise	35%
Être un support au service du business auprès des managers	31%
Pouvoir aider les personne à se développer	19%
Apporter des solutions aux collaborateurs	17%
Jouer un rôle de régulateur, de médiateur	16%
Innover pour faire face aux nouvelles contraintes (lois, décrets, évolutions sociales)	16%
Travailler en synergie avec les instances représentatives	12%
Apprendre en permanence pour faire face aux évolutions juridiques et sociétales	12%
Avoir un rôle d'alerte et de prévention	11%

Taux de réponses pour les 3 principaux sujets de satisfaction

---

1. *Ibid.*

Enfin, le DRH ne peut plus se permettre d'ignorer les coûts induits par ses propositions de transformation de l'organisation. Comme tout dirigeant, le DRH doit réduire les coûts partout où c'est possible en simplifiant la structure et en accélérant les processus. Le DRH se retrouve avec une responsabilité financière vis-à-vis du Comex. Ce qui peut le conduire, par exemple, à prendre l'initiative des choix « *make or buy* » ou à proposer des plans de restructuration moins coûteux que dans le passé. Il est certain cependant que le DRH ne peut se contenter d'un discours sur la réduction des coûts, car, comme le souligne l'un des spécialistes américains des restructurations[1], une transformation ne peut réussir que si l'on est capable de créer du sens au-delà de l'objectif de réduction des coûts. Sur ce plan, l'impact du comportement des dirigeants est déterminant, ce qui nécessite de la part du DRH du courage pour s'assurer que l'exemple vient d'en haut.

Transformer l'organisation par l'exemplarité des managers et de la fonction RH

Dans un contexte de transformation, en dehors du comportement du dirigeant, ce sont également les comportements des autres responsables, et plus généralement de l'ensemble des managers, qui seront évalués pour juger de leur exemplarité par rapport aux valeurs qui sont affichées. Dans ce contexte, le DRH

---

1. Cascio, W., *Responsible Restructuring*, Berrett-Koehler, 2002.

est interpellé sur sa capacité à être exemplaire lui-même, mais aussi, et surtout, à veiller que les comportements de l'ensemble des managers, en commençant par les dirigeants, soient perçus comme exemplaires par l'ensemble des collaborateurs. Comme le souligne avec conviction Frédéric Oudéa, l'actuel P-DG de la Société Générale, *« être dirigeant, c'est être en permanence exposé, parfois de façon exagérée. Je ne demande jamais aux autres de faire ce que, moi, je ne fais pas (…) L'exemplarité fait partie de mon mode de fonctionnement »*[1].

Face au défi de l'engagement des collaborateurs, y compris de celui des cadres[2], le DRH peut-il faire l'économie d'une réflexion sur les moyens à mettre en œuvre pour développer l'exemplarité, que ce soit au nom d'une vertu réputée universelle ou, de façon plus pragmatique, comme une nécessité dans une entreprise devenue de plus en plus transparente[3] ?

Pour créer la confiance, les managers et les collaborateurs ont besoin, en effet, de s'identifier à des leaders exemplaires qui représentent pour eux des *« role models »* (littéralement « modèles de rôles ») agissant pour le bien de l'entreprise et, plus généralement, pour celui de la communauté. Les DRH doivent être particulièrement

---

1. Jasor, M., « Frédéric Oudéa, P-DG de la Société Générale : l'exemplarité fait partie de mon mode de fonctionnement », *Les Échos*, 24 mai 2011, source : www.lesechos.fr.
2. Courpasson, D., Thoenig, J.-C., *Quand les cadres se rebellent*, Vuibert, 2008.
3. Meyer C., Kirby, J., « Leadership in the age of transparency », *Harvard Business Review*, avril 2010, p. 38-46.

vigilants pour éviter que se creuse l'écart entre le discours et les réalités lorsque, par exemple, des dirigeants s'affichent comme exemplaires avec des décisions « socialement responsables », mais dont la mise en œuvre est très loin d'être exemplaire. L'entreprise peut alors faire courir un risque à sa réputation, très dommageable à moyen et long termes, surtout auprès de certaines parties prenantes (les futurs collaborateurs, les consommateurs, les communautés, etc.) qui n'hésiteront pas, en cas de non-respect des valeurs de changement affichées, à activer les réseaux sociaux ou d'autres formes de communication non contrôlée comme l'a montré l'exemple de Wikileaks à l'égard des États.

Dans une situation où les nouvelles générations, comme nous l'avons vu dans le premier chapitre, ont des attentes radicalement différentes de celles qui les ont précédées, et où les technologies de l'information ont fait éclater les frontières de l'espace et du temps, il est illusoire de vouloir conserver des modèles de management désormais obsolètes. Les DRH sont bien conscients de leur rôle primordial pour recréer du sens dans l'entreprise, mais leurs discours et leurs actions resteront lettre morte si l'exemplarité des dirigeants, et plus généralement celle de l'ensemble des managers, n'est pas au rendez-vous. Comment convaincre les collaborateurs de changer ou de se mobiliser en cas de nécessité, si l'exemple ne vient pas d'en haut ?

Cet aspect est particulièrement important aux yeux de tous dans l'entreprise, car il comporte une dimension symbolique sur le plan de l'exemplarité : le changement reste trop souvent au niveau de la rhétorique des dirigeants qui poussent les autres – managers et collaborateurs – à changer sans qu'ils sortent eux-mêmes de leur « zone de confort » pour progresser. On comprend facilement l'importance du rôle des DRH qui doivent agir en « catalyseurs » de l'exemplarité dans l'entreprise, à commencer par eux-mêmes, car eux aussi, et sans doute plus que d'autres dirigeants, doivent se montrer exemplaires dans leurs décisions et leurs actions.

Par ailleurs, sur le plan de l'internationalisation, les DRH jouent un rôle éminent dans la transformation de l'organisation lorsque l'entreprise doit intégrer de nouveaux pays dans son périmètre d'activités ou s'engager dans des opérations de fusions-acquisitions. Ils sont responsables de la partie humaine de la transformation en sachant comment impliquer l'ensemble des collaborateurs et pas seulement les managers. Une fois encore, la fonction RH doit pouvoir donner l'exemple et se transformer en premier.

Enfin, pourquoi ne pas envisager également de proposer aux syndicats, en France, des formations au changement, comme on a pu l'observer dans certains pays du Nord de l'Europe et même en Allemagne où le syndicat IG Metall est, depuis longtemps, un partenaire reconnu du patronat ?

Chapitre 4

Le management des talents

Parmi les principales priorités exprimées par les DRH du CAC 40, il n'est pas surprenant de constater que la question du management des talents soit parmi celles qui aient été le plus souvent mentionnées par les répondants avec les transformations de l'organisation, l'évolution de la culture d'entreprise et la professionnalisation de la fonction RH. Si l'attention portée par nos entreprises au management des talents s'est considérablement renforcée il y a une quinzaine d'années après la fameuse étude publiée par McKinsey à la fin des années 1990 sur la « guerre des talents »[1], les évolutions du contexte décrites dans le premier chapitre ont amené ces dernières années les dirigeants à être particulièrement sensibles à la question des ressources clés – dont les talents –, car elle est susceptible d'être le talon d'Achille dans la mise en œuvre des stratégies *business* qu'ils élaborent.

---

1. *The War for Talent, op. cit.*

La globalisation des activités nécessite en effet de plus en plus l'identification et le développement de talents locaux, car le recours systématique aux expatriés n'est souhaitable ni pour des raisons de coûts ni pour des raisons d'adaptation culturelle. De même, la révolution numérique bouleverse les profils des talents dont nous avons besoin dans nos entreprises avec, notamment, deux qualités de plus en plus recherchées : l'agilité personnelle et la capacité à coopérer. Enfin, les mutations sociales et sociétales, avec l'arrivée des nouvelles générations et l'importance du développement durable et de la RSE dans les stratégies *business*, « impactent » d'ores et déjà les attitudes et comportements des jeunes talents qui, nous l'avons vu, sont plus exigeants que leurs aînés vis-à-vis de leur manager et de l'entreprise.

Dans la première partie du chapitre, nous traiterons des attentes des dirigeants et des autres parties prenantes vis-à-vis de la fonction RH en ce qui concerne le management des talents. Cette fonction est, en effet, particulièrement attendue pour préparer et fournir à l'entreprise les talents dont elle a besoin en ayant préalablement défini ce qu'est un talent, et ceci dans un environnement de plus en plus imprévisible. Il s'agit pour elle de démontrer des capacités de compréhension des évolutions actuelles et à venir du *business* pour être capable de prévoir les besoins futurs qualitatifs et quantitatifs en ressources clés en impliquant le plus possible les managers qui sont les mieux à même d'identifier ces besoins. En un mot, on demande à la fonction RH de savoir beaucoup mieux anticiper, en lien étroit avec la stratégie business, qu'elle n'a pu le faire dans le passé en évitant des approches de type « usine à gaz » qui ont trop souvent caractérisé les démarches prévisionnelles, comme la traditionnelle GPEC, avec des référentiels d'emplois et de compétences qui étaient déjà obsolètes avant même qu'ils ne soient réellement mis en œuvre.

Dans la deuxième partie, nous ferons le constat que les attentes des dirigeants et autres parties prenantes vis-à-vis de la fonction RH ont été déçues au cours des dernières années sur la question du management des talents. On reproche, par exemple, à cette fonction de ne pas savoir recruter en temps et en heure les talents dont a besoin l'entreprise, son manque de réactivité par rapport aux besoins du *business*, voire, ce qui est plus ennuyeux, la qualité des recrutements réalisés. Même si la fonction n'est pas exempte de critiques, on pourra s'interroger sur la responsabilité des managers opérationnels qui ont souvent eux-mêmes de grandes difficultés à anticiper les besoins en compétences.

Dans la troisième partie du chapitre, nous proposerons quelques pistes pour permettre aux DRH de mieux répondre aux attentes pour anticiper les besoins de l'entreprise en talents, pour les attirer, les identifier et les développer. La conclusion s'intéressera au management des talents RH eux-mêmes, car trop souvent, la fonction humaine a tendance à ne pas trop s'occuper d'elle-même.

Les attentes des dirigeants et des autres parties prenantes

L'importance cruciale octroyée par les dirigeants et autres parties prenantes (investisseurs, conseil d'administration, managers, etc.) à la dimension humaine de la stratégie et, en particulier, au management des talents témoigne de la priorité que ces acteurs accordent au défi que représente pour nos entreprises, de savoir attirer et retenir les talents et ceci dans le cadre d'une compétition mondiale de plus en plus féroce. Il ne se passe pas en effet une semaine sans qu'un article ou une conférence appelle l'attention des décideurs sur l'importance stratégique des personnes clés dans des activités de plus en plus dominées par une économie de l'intelligence. Comme le soulignent certains grands dirigeants : *« L'essentiel de notre capital quitte l'entreprise tous les soirs, mon principal défi est de s'assurer que ce capital revienne le lendemain matin… »* Au-delà de la question de la rétention exprimée dans cette affirmation, se posent aussi celles de la définition de ce qu'est un talent, l'attraction en externe, l'identification en interne et le développement des talents qui correspondent aux attentes des dirigeants et autres parties prenantes vis-à-vis de la fonction RH et ceci en lien étroit avec la stratégie *business*.

On attend en effet de la fonction RH qu'elle traduise en profils humains les plans stratégiques de l'entreprise en questionnant parfois la stratégie. On lui demande de prendre le risque de s'engager sur des profils techniques et sur des compétences de demain qui n'existent pas encore dans un dialogue avec les managers opérationnels qui connaissent, mieux que personne, les évolutions à venir des métiers et des compétences nécessaires pour mettre en œuvre la stratégie décidée par l'entreprise. Bref, c'est sur les épaules du DRH que repose la lourde responsabilité de faire la synthèse des besoins qualitatifs et quantitatifs de l'entreprise sur le plan des talents à l'horizon de plusieurs années, bien souvent de trois à cinq ans, et de la faire valider par le Comex. En définitive, le management des talents doit être présenté comme un « *business case* », avec ses injonctions d'âge, de nationalité et de diversité pour réussir la mise en œuvre de la stratégie de l'entreprise.

Dans cette perspective, une première question posée à la fonction RH est, en effet, celle de la définition de ce qu'est un talent pour l'entreprise. La réponse est bien évidemment cruciale pour définir ensuite ce que seront les stratégies RH à mettre en œuvre pour les attirer et les retenir. La vision la plus courante est celle de l'élitisme bien naturelle dans notre culture latine, encore largement dominée par ce que Philippe d'Iribarne appelait, il y a plus deux décennies dans un livre célèbre, « la logique de l'honneur »[1]. N'est défini souvent comme talent que celui ou celle qui est sorti(e) de la « bonne » grande école ou de la « bonne » université. On n'hésite pas en effet encore, dans un certain

1. D'Iribarne, P., *La logique de l'honneur, gestion des entreprises et traditions nationales*, Paris, Le Seuil.1989.

nombre d'entreprises françaises, à ne considérer comme talents que les « hauts potentiels », voire les « très hauts potentiels », et d'en établir des listes sur le critère de la formation initiale (grande école ou université de rang A) au détriment de profils différents issus souvent de formations moins réputées, tout en tenant compte, il faut le reconnaître, du parcours professionnel des heureux élus. Cette approche pose évidemment la question de l'œuf et de la poule : est-on ou devient-on talent ?

Une approche plus globale de la notion de talent a émergé, plus anglo-saxonne et rendue obligatoire sous l'effet de la globalisation, en qualifiant de talent celui ou celle qui possède des ressources (attitudes, compétences, performance, valeurs, etc.) qui « font la différence » en combinant l'excellence et la différence[1]. Cette conception élargit considérablement la population de collaborateurs qui peuvent, à un titre ou à un autre, être perçus comme des talents, quelle que soit leur fonction ou leur position hiérarchique. Certaines entreprises américaines, comme SAS Institute – la plus grande entreprise mondiale non cotée dans le secteur du « *business analytics* » – qui a connu encore en 2012 une progression à deux chiffres après trente-sept années de croissance continue[2], ont adopté avec succès cette définition élargie du talent[3].

---

1. Miralles, P., « La gestion des talents : émergence d'un nouveau modèle de management ? », *Management & Avenir*, n° 11, p. 29-42, 2006.

2. Source : http://www.sas.com/resources/asset/2012-annual-report.pdf

3. Pfeffer, J., *Hidden value, how to create value with ordinary people?*, *Harvard Business Press*, 2000.

Une fois la notion de talent clarifiée, on attend de la fonction RH qu'elle élabore et mette en œuvre une démarche adaptée de management des talents qui commence, d'une part, par l'attraction de talents externes et, d'autre part, l'identification en interne de celles et ceux que l'on peut considérer comme des talents en fonction de la définition choisie par l'entreprise. En ce qui concerne l'attraction de talents externes, la fonction RH est attendue sur le renforcement de la marque employeur qui permettra à l'entreprise d'être reconnue dans des environnements, par exemple les universités des grands pays émergents, dans lesquels la notoriété de cette dernière est encore faible. Il est vital, dans certains pays comme la Chine ou l'Inde, de mettre en œuvre des démarches proactives pour pouvoir « sourcer » des candidats de valeur.

Quant à l'identification de talents en interne, au-delà des signes évidents que sont le diplôme et le parcours antérieur de carrière, des dispositifs de détection des talents comme l'utilisation des centres d'évaluation (« *assessment centers* ») ou les revues de personnel – incluant les managers et des responsables RH – peuvent faire partie des approches utilisées pour « objectiver » le processus de repérage. Il est également certain, par ailleurs, que le recours à d'autres outils plus traditionnels – comme l'entretien d'évaluation ou le « 360° feed-back » – reste dans beaucoup de nos entreprises le socle sur lequel se construisent les perceptions sur les personnes et leur potentiel. L'enjeu de l'identification des talents est particulièrement crucial lorsque l'entreprise met en avant un objectif de diversité : les dirigeants attendent de la fonction RH que les processus mis en œuvre pour identifier des talents puissent permettre d'accroître, par exemple, le nombre de femmes dans le groupe des managers à potentiel si l'on est une entreprise essentiellement masculine, ou le nombre talents locaux si l'on cherche à internationaliser les équipes de management.

Après avoir élaboré et mis en œuvre des processus pour attirer et identifier les talents, la fonction RH est attendue par les dirigeants et les autres parties prenantes sur sa capacité à les développer et les retenir. Là encore, elle sera jugée sur la qualité des approches qu'elle construit pour répondre aux besoins actuels et futurs de l'entreprise. Dans la panoplie des outils à sa disposition pour développer et retenir les talents, la fonction RH peut créer ou renforcer une université d'entreprise dont la mission principale est de développer personnellement et professionnellement l'ensemble des talents. Ce sont aussi des innovations sur le plan des parcours professionnels et de la mobilité qui peuvent différencier l'entreprise dans un contexte parfois difficile pour retenir les talents. Certaines de nos entreprises n'hésitent pas, par exemple, à offrir des congés sabbatiques aux talents qui le souhaitent pour leur permettre d'accomplir un projet personnel qui leur tient à cœur. Par ailleurs, elles doivent intégrer également le phénomène des carrières nomades – d'une entreprise à une autre, d'un projet à un autre – qui est devenu au cours des dernières années une réalité avec l'arrivée de la génération Y et demain de la « génération millenium », dont on prévoit qu'elle sera encore moins loyale que la précédente !

Dans la mise en œuvre du management des talents, les DRH interrogés lors de l'enquête ont souligné deux pièges à éviter :

– Le manager opérationnel ne veut pas payer plus cher (bonus spécifique, critères particuliers pour la promotion, etc.) pour un talent qui, de plus, ne va pas rester longtemps dans son équipe.

– Lorsque les résultats sont là, tout le monde est perçu comme un talent avec un risque sur la rigueur dans l'évaluation de la performance, notamment pour les dimensions innovation et coopération.

Pour le DRH lui-même, sa valeur ajoutée est de pouvoir recruter des leaders dans des cultures très éloignées, au-delà de tous les systèmes. Il doit garder son intuition et prendre son risque. À ce niveau, la personne même localement ne pourra décider à sa place si le potentiel pour prendre une direction du Groupe existe… ou non.

Face à ces attentes des dirigeants et des autres parties prenantes à l'égard du management des talents, la fonction RH semble avoir déçu sur certains points clés qui ont été identifiés dans le cadre de l'enquête des DRH du CAC 40 et qui sont discutés ci-après.

Les points clés auxquels la fonction RH n'a pas toujours répondu

Tout d'abord, tout le monde parle de talents dans la fonction RH. Force est de constater que certaines équipes RH sont passées à côté de la cible. Depuis une quinzaine d'années, la fonction traditionnelle RH parle de « stratégie » de plans de développement, de « *talent pools* », de boîte à outils, et met en place des logiciels de gestion des talents qui sont censés résoudre tous les problèmes. Ces efforts n'ont visiblement pas été assez efficaces selon certains DRH interrogés, parmi les plus récemment arrivés, car leurs entreprises ne semblent pas disposer des ressources humaines clés en quantité et en qualité par rapport aux besoins de la stratégie *business*. Ceux qui ont été nommés sont en charge aujourd'hui de la transformation radicale ce qui était fait jusque-là sur le plan du management des talents pour le rendre plus utile au *business*.

Cette perception est confirmée par un ensemble d'études récentes qui montrent que le management des talents reste encore l'un des talons d'Achille de la fonction RH. Et ceci se vérifie au plan international, comme en témoigne l'étude régulière menée par le Boston Consulting Group avec la fédération mondiale des associations professionnelles RH. Celle publiée en 2012[1] souligne que le « *talent management* » est le domaine d'activité RH, où les capacités actuelles de la fonction humaine sont les plus faibles, alors qu'il s'avère d'une très grande importance pour le futur.

Ensuite, les DRH expriment la nécessité pour leurs entreprises de définir et d'identifier de plus en plus

---

1. Boston Consulting Group, EAPH, « Creating people advantage; mastering HR Challenges in a two-speed world », 2012.

rigoureusement ce qu'est un talent, et ceci partout dans le monde en termes de performances, de compétences, d'attitudes et de comportements (valeurs de l'entreprise) et de potentiel (vision, jugement, leadership, etc.). Or les situations varient fortement d'une entreprise à une autre. Dans certaines d'entre elles, le processus est très explicite, avec une formation et une appréciation régulière des performances et du potentiel. Pour d'autres – les plus nombreuses –, la culture d'entreprise sert de référence avec des valeurs fortement exprimées pour définir et identifier les talents. Enfin, une minorité de DRH réserve au Comex les tenants et les aboutissants de l'identification et l'appréciation des talents sans référence explicite à un processus formalisé. Remarquons cependant que les comités de nomination, dans les conseils d'administration, prennent de plus en plus la mesure de l'importance des futurs dirigeants et poussent à une formalisation et à une efficacité plus marquées qu'auparavant.

Un autre point clé sur lequel la fonction RH n'a pas toujours répondu aux attentes est celui du changement des mentalités individuelles et collectives, tout en tenant compte de la culture dominante et historique de l'entreprise. Que veut dire, en effet, être un talent pour demain en termes de métiers, de profils, de nationalité, de sexe, de nouvelle génération ? Le DRH doit pouvoir persuader l'organisation, son Comex en particulier, de regarder les collaborateurs de l'entreprise avec un œil multiculturel. On ne peut plus se contenter d'avoir un plan de succession, comme on le voit encore trop souvent, où un Français âgé de soixante ans est remplacé par un autre de dix ans son cadet et sorti de la même école avec le même parcours. Pour faire émerger les talents d'un nouveau type – ceux dont le *business* aura besoin pour le futur – il ne s'agit plus seulement de traiter le sujet pour être en harmonie avec le Code du travail français, les syndicats ou la RSE et en faisant tourner les logiciels spécialisés qui donnent une apparence de rigueur aux décisions prises.

Sur le plan de l'anticipation des besoins, là encore, la fonction RH ne semble pas avoir toujours répondu aux attentes des dirigeants et autres parties prenantes. Les DRH reconnaissent que les plans stratégiques RH – les « *workforce strategic plans* » – ne sont pas toujours encore au niveau de qualité espérée par l'entreprise. Ces documents, que l'on retrouve de plus en plus fréquemment dans les plans stratégiques *business*, représentent l'angle humain sans lequel aucun projet ne pourra aboutir. Les DRH du CAC 40 s'y consacrent pourtant sérieusement, en veillant à ce que l'exercice puisse « cascader » tout au long de l'organisation. Ainsi, chaque unité de chaque entité dans chaque pays doit comprendre l'impact du « *people development* » sur son *business*, tant dans l'aspect quantitatif (recrutement, restructurations) que qualitatif (compétences, expertises requises pour le futur). L'intention y est, mais les réalités du terrain montrent encore un écart sérieux avec à ce qui est espéré dans cet exercice pourtant essentiel.

Autre sujet de préoccupation pour la fonction RH : le recrutement. On lui reproche en effet d'être souvent dans l'incapacité de recruter en temps et en heure les talents dont a besoin l'entreprise, de manquer de réactivité, voire de ne pas assurer la qualité dans le recrutement. Même s'il faut reconnaître que certains processus opérationnels de recrutement ne sont pas au niveau d'efficience et d'efficacité espéré, il n'en demeure pas moins que la raison principale de l'inefficacité, dont on fait grief à la fonction RH, réside la plupart du temps dans le manque de réflexion stratégique en amont et le manque de consensus avec les opérationnels sur un plan détaillé à atteindre en termes de date, de quantité et de qualité des talents nécessaires. Cela frustre tous les acteurs : les DRH travaillent énormément pour répondre aux besoins tardifs de managers opérationnels jamais satisfaits. Une solution à ce problème récurrent dans les entreprises interrogées, comme nous le verrons dans les pistes suggérées dans la troisième partie de ce chapitre, consiste à ce que les DRH passent plus de temps à influencer les opérationnels en amont des projets et à bâtir avec eux des plans d'action RH où les « délivrables » sont clairement définis. Enfin, sans une très bonne connaissance du *business*, comment peut-on recruter des talents, surtout en Asie ou en Inde ? Nous sommes, en définitive, bien loin des process ici.

Enfin, un dernier point clé, sur lequel la fonction RH n'a pas toujours répondu aux attentes des dirigeants, est la question du management des talents dans les grands pays émergents du groupe des BRIC. On peut toujours souligner que ces pays constituent des relais de croissance essentiels pour nos entreprises, mais peut-on

affirmer sans se tromper que les talents et des dirigeants locaux sont réellement prêts à nous rejoindre ?
Lorsqu'on voit l'évolution récente des grandes entreprises chinoises du secteur public, avec plus d'ouverture et de reconnaissance du mérite individuel, nous ne
pouvons être étonnés par le fait que de plus en plus de
jeunes Chinois se détournent des entreprises occiden-
tales pour rejoindre les organisations qui leur assurent
sécurité, cohérence culturelle et même reconnaissance
individuelle.

Avec le dynamisme des économies des BRIC et issues
de marchés très différents – en forte croissance – avec
des structures de coûts ou de clients souvent très particulières, les talents et dirigeants de ces pays sont
conscients que leur succès est dû en grande partie à la
particularité de leur région. Leur succès se fait dans leur
pays, dont la croissance annuelle dans tous les domaines
permet de gommer beaucoup de problèmes, alors que
l'Europe ne les attire pas, sauf pour faire du shopping.
Leur proposer un poste en Europe ne les intéresse pas.
Les attirer avec un très beau poste au siège leur semble
très loin de leurs souhaits de développement. Le *business*
flambe dans leur pays. S'ils prennent une fonction au
siège, ce sera basé dans leur pays. Ces réalités tendent à
ralentir, sinon à refroidir, les fameux plans de développement, concoctés par les DRH, que tous les dirigeants
et leurs « *boards* » ont en tête et pour lesquels les premiers intéressés ne sont pas encore prêts.

Quelques pistes pour satisfaire les attentes des dirigeants

Une première piste concerne l'anticipation des besoins : c'est en validant les plans d'action ensemble, opérationnels et DRH, au regard des besoins du *business* de demain, que les plans d'action peuvent être arrêtés pour éviter les « écarts » et anticiper les besoins. Ces plans doivent préciser ce qui doit être livré, avec quels moyens et à quelle échéance. Au niveau du DRH groupe, il s'agit bien sûr de se limiter à un certain nombre de postes (stratégie, postes critiques), et en outre de s'assurer que les moyens nécessaires sont attribués à ces objectifs qui peuvent dépasser le cadre annuel d'un seul budget.

Une autre piste pour les DRH consiste à délivrer effectivement ce qui a été promis. En effet, le DRH ne fait pas qu'analyser ou proposer, il est aussi le premier concerné par la mise en œuvre du plan qui a été décidé. Dès l'adoption du plan par le Comex, il lui est nécessaire de mettre en place un système de reporting et, surtout, de correction des écarts, qui montre clairement la contribution de la fonction RH pour répondre aux besoins en talents quantitatifs et qualitatifs de l'entreprise.

Une troisième piste indique que les DRH doivent savoir intégrer le fait que les changements majeurs technologiques, avec la révolution numérique, ont un impact direct sur le management des talents. Le développement exponentiel de ces technologies donne des capacités nouvelles de mise en relation aux talents qui, quel que soit le lieu ou l'heure, peuvent échanger, voire critiquer leur propre employeur dans le cadre de réseaux sociaux. Les DRH peuvent suivre eux-mêmes ces talents sur LinkedIn. Les mises à jour en disent long et les principaux talents des concurrents peuvent aussi être affichés. Cette abolition, permise par les technologies, des barrières de l'espace et du temps, n'est pas sans poser de problèmes sur le plan de l'équité externe, car ces talents sont les premiers à surfer sur les sites de recherche d'emploi et autres réseaux sociaux professionnels pour y comparer leur niveau de rémunération et y déposer leur propre CV s'ils s'estiment injustement traités.

Au-delà des technologies, sur le plan sociologique, ce sont aussi des différences assez profondes de mentalité que la fonction RH peut transformer de contraintes en opportunités. Si les talents de la génération du baby-boom, aujourd'hui du papy-boom, ont eu tendance à privilégier la loyauté à l'entreprise et la réussite individuelle pour construire une carrière relativement stable, ceux appartenant – et ils sont de loin les plus nombreux dans la catégorie actuelle des talents – aux générations suivantes (X et Y) ne sont plus vraiment sensibles à la conception traditionnelle de la carrière de leurs aînés. Ils chercheront des opportunités que doit pouvoir leur offrir l'entreprise pour valoriser leur capital personnel, et ceci d'autant plus qu'on leur tient depuis longtemps le discours de la responsabilité de leur carrière.

Cette situation se complique cependant dès lors que l'entreprise s'internationalise, car la compréhension du comportement et des attentes d'un talent chinois ou indien est susceptible de bouleverser profondément les schémas classiques du management des talents. Ce qui est vrai pour la diversité culturelle l'est aussi pour d'autres formes de diversités, y compris celle du handicap, puisque, curieusement, les entreprises françaises n'ont découvert que très récemment les réserves insoupçonnées de talents qu'elles pouvaient avoir en leur sein et l'opportunité de se développer en intégrant des travailleurs handicapés au-delà de la simple obligation de satisfaire l'obligation légale issue de la loi de février 2005[1].

Une dernière piste consiste à développer un ensemble de stratégies RH s'inspirant de celles suggérées dans un article, publié il y a quelques années dans la *Harvard Business Review*[2], qui proposait de développer le modèle de « talent à la demande » répondant beaucoup mieux aux incertitudes de l'environnement que les modèles antérieurs. De façon concrète, l'auteur propose de ne pas s'arrêter à un seul modèle de management des talents en suggérant que l'entreprise devrait savoir simultanément attirer des talents dont elle a un besoin urgent pour son projet *business*, quitte à ne pas chercher à les retenir, mais aussi attirer des talents qu'elle cherche à développer, et donc à retenir, pour un projet d'entreprise qui s'inscrit dans la durée.

---

1. Voir les monographies d'entreprises sur le site de l'Agence Entreprises et Handicap (www.entreprises-handicap.com).
2. Cappelli , P., « Talent management for the twenty-first century », *Harvard Business Review*, mars 2008, pp. 75-81.

Que dire du management des talents RH ?

Comme le montre le chapitre 6, l'un des enjeux clés de la fonction consiste à se professionnaliser c'est-à-dire à monter en compétences les acteurs de la fonction et à montrer qu'une carrière est possible dans cette fonction, comme dans toutes les autres grandes fonctions de l'entreprise. Or, la fonction RH est souvent la dernière à s'occuper d'elle-même pour éviter le reproche de la tour d'ivoire dans laquelle, il est vrai, elle s'est souvent réfugiée.

Une bonne nouvelle est le souhait des DRH interrogés de voir se mettre en place, si ce n'est déjà fait, des filières plus spécifiques RH destinées à attirer et retenir des talents qui souhaitent mener une partie importante de leur carrière en RH comme on l'observe fréquemment dans de grandes entreprises anglo-saxonnes. Cette tendance est renforcée, par le développement du nombre de formations de spécialisation RH au niveau de Master 2 et même de programmes MBA dédiés à la dimension RH. Si les jeunes choisissent, dès la formation première, de se spécialiser dans le domaine RH, l'entreprise doit pouvoir leur offrir des parcours aussi intéressants que ceux de leurs homologues qui se seraient orientés vers d'autres spécialisations comme la finance et le marketing. Il n'en reste pas moins que ce management des talents RH n'implique pas un parcours de carrière en totalité dans la fonction RH. Il est souhaitable, comme le soulignent les résultats de l'enquête, que ces talents RH puissent avoir d'autres expériences dans des fonctions comme le marketing/ventes ou de direction de *business units*.

Chapitre 5

L'évolution de la culture d'entreprise

Il est banal de souligner que la plupart des entreprises aujourd'hui mettent en avant un ensemble de valeurs qui sont présentées comme un moyen d'expliciter ce qu'est la culture de l'entreprise. Nous avons tous connu des entreprises qui affichent des valeurs ayant la particularité d'être souvent très proches (voire identiques) d'une entreprise à l'autre : les valeurs d'éthique, de respect, d'ouverture, d'esprit d'équipe, de performance, d'orientation client en sont des exemples très fréquemment observés[1]. La vraie différenciation entre les entreprises s'observe dans les pratiques mises en œuvre pour traduire ces valeurs dans la réalité quotidienne et dans l'authenticité de la mise en œuvre.

Les DRH sont parmi les premiers acteurs concernés directement par la concrétisation sur le terrain de culture d'entreprise et des valeurs affichées : les politiques et les pratiques RH doivent en effet être alignées

---

1. Claude, J.-F., Welhoff, T., *L'entreprise en 80 valeurs, dictionnaire des valeurs d'entreprise*, Éditions Liaisons, 2011.

pour pouvoir permettre leur appropriation par l'ensemble des collaborateurs. Il est indispensable que les pratiques de recrutement, de management des talents, de l'évaluation de la performance, de rémunération, de formation et de gestion des carrières[1] puissent clairement refléter ces valeurs. À titre d'exemple, la matrice de positionnement des collaborateurs sur deux dimensions (résultats et valeurs) représente une illustration visible de l'importance réelle des valeurs dans l'entreprise. Le véritable test est la décision prise vis-à-vis d'un collaborateur ayant, certes, des résultats exceptionnels, mais dont le comportement ne respecte pas les valeurs de l'entreprise : le récompenser ou le sanctionner serait une décision également inopportune. En revanche, l'aider à évoluer personnellement pour modifier son comportement renforcera beaucoup plus le message de l'entreprise et de ses dirigeants.

Au-delà des valeurs, c'est bien la culture d'entreprise qui est interpellée, car elle représente, selon Maurice Thévenet[2], le ciment qui relie l'ensemble des composantes de l'entreprise. Elle apporte aussi une explication fondamentale à ce qui s'y déroule. C'est le produit d'une histoire et pas seulement d'un instantané.

Ce chapitre s'intéresse au rôle de la fonction RH dans son action sur la culture d'entreprise, avec une première partie dans laquelle nous préciserons les attentes

---

1. Besseyre des Horts, C.-H. (éd.), *Pratiques RH au quotidien*, Dunod, 2011.
2. Thévenet, M., *Audit de la culture d'entreprise*, Éditions d'Organisation, 1986.

des dirigeants et des parties prenantes à l'égard de la fonction RH pour faire évoluer la culture d'entreprise. Dans la deuxième partie, nous montrerons que la fonction RH n'a pas, sur certains points essentiels, toujours répondu à ces attentes en raison, notamment, de la difficulté à faire évoluer les mentalités individuelles et collectives. La troisième partie sera l'occasion de proposer quelques pistes pour permettre au DRH de faire évoluer la culture de son entreprise. La conclusion insistera sur l'opportunité unique que représente l'évolution de la culture pour le DRH s'il sait respecter certains principes clés dans les actions qu'il initie.

Les attentes des dirigeants et des autres parties prenantes

S'il existe une responsabilité de la fonction RH qui relève pleinement de l'injonction paradoxale, c'est bien celle qui concerne l'évolution de la culture d'entreprise attendue par les dirigeants et les autres parties prenantes pour faire face aux transformations profondes de l'environnement décrites dans le premier chapitre. En considérant la culture d'entreprise comme un « *ensemble d'hypothèses fondamentales qui ont fait le succès de l'entreprise* »[1], alors le DRH se trouve devant un dilemme qui consiste à faire bouger les lignes sans toucher aux fondamentaux.

---

1. Schein, E. H., *Organizational culture and leadership*, Jossey-Bass, 1985.

Pour la plupart des DRH ayant répondu sur ce sujet dans le cadre de l'enquête, la culture représente, en effet, la raison principale du succès passé de l'entreprise, que l'on peut résumer par la formule : « *honour the past* » (« se fonder sur le passé »). Ils insistent sur le fait que beaucoup de « têtes couronnées » et autres barons de l'entreprise enjoignent le DRH de surtout conserver cette culture intacte. Sur ce point, le défi n'est pas inatteignable, mais juste paradoxal, et seuls les plus intelligents des leaders, sachant manier subtilement l'art de l'influence, vont y arriver. Il leur faudra choisir deux ou trois actions qui vont amener la culture à évoluer malgré tout. Ils ne doivent donc pas se tromper de cible et viser l'action qui produira le plus fort impact. Dans ces périodes de chaos, où tout change si vite, le seul point de repère stable pour les collaborateurs – auxquels l'on demande de prendre des initiatives, d'innover, à tous les niveaux – reste la culture d'entreprise. Dans ces conditions, faire évoluer celle-ci constitue, pour le DRH, un objectif difficile à atteindre. Pourtant, il sera jugé sur sa capacité à faire évoluer les mentalités individuelles et collectives.

En ce qui concerne les valeurs, en tant que concrétisation de la culture d'entreprise, les dirigeants attendent du DRH qu'il communique sur ces valeurs et qu'il les connecte avec les symboles du succès. Il devra s'assurer, en particulier, que les attitudes et comportements en accord avec les valeurs – si bien sûr la performance est au rendez-vous – seront bien reconnus sous une forme de bonus ou de promotion, ou les deux. Par ailleurs, on attend de la fonction RH que les revues de performance et les plans de développement fassent explicitement une référence explicite à cette culture de l'entreprise pour que chacun puisse s'y reconnaître et comprendre pourquoi un collaborateur est promu en raison non seulement de l'exemplarité de son comportement, mais aussi de sa très bonne performance. Aux yeux des opérationnels, la crédibilité du DRH dans la mise en place de la culture sortira renforcée s'il sait être un arbitre qui fait respecter « la loi » et peut même s'y s'opposer parfois ouvertement. Ce qui n'est pas toujours facile en raison de la tendance parfois observée de la fonction RH à éviter les conflits, etc.

Dans le contexte actuel de globalisation des entreprises, l'une des attentes des dirigeants est de développer une culture de la performance avec une conception unifiée de cette dernière et des outils développés au plan mondial comme un entretien annuel de performance unique pour tous les managers à partir d'un certain niveau. C'est ainsi, par exemple, que L'Oréal, qui était caractérisée par une culture orale, a été amené à développer au début des années 2000 une démarche et un formulaire d'évaluation unique pour l'entretien annuel de ses managers clés. Ceci ne garantissait cependant pas que cet entretien annuel était réalisé dans les mêmes conditions et la même rigueur partout dans le monde. Les entreprises françaises, bien que devenues plus internationales, restent encore souvent marquées par la culture latine privilégiant l'oral et le réseau informel. Il devient vital pour elles de conserver la créativité de la culture latine, mais de, simultanément, mettre en place des process plus formels dans le domaine RH, faute de quoi elles risquent de ne pas pouvoir attirer et surtout retenir les talents des pays émergents, qui sont naturellement attirés par les grands noms anglo-saxons.

Une autre attente des dirigeants à l'égard de la fonction RH est de s'assurer que la culture d'entreprise soit bien appropriée par l'ensemble des collaborateurs qui doivent y voir l'un des facteurs clés de différenciation. Ceci est d'autant plus important que l'on se trouve dans des régions mondiales éloignées. Dans cette perspective, la « signature » de l'entreprise est particulièrement cruciale, car elle sert de guide pour définir la stratégie et doit résumer en quelques mots la culture propre à l'entreprise comme peut l'être, par exemple, celle de Casino avec « Nourrir un monde de diversité » ou la nouvelle signature d'EDF, « Changer l'énergie ensemble ».

Enfin, une dernière attente des dirigeants et des autres parties prenantes concerne l'engagement des collaborateurs comme un signe d'adhésion à la culture d'entreprise et aux valeurs affichées. L'engagement vient du sens, des valeurs, des combats sociétaux menés par l'entreprise, notamment pour les personnes de la génération Y. Il n'est pas d'entretien de recrutement sans que les candidats ne posent des questions sur ces thèmes. Même si l'engagement est souvent le résultat du vécu du collaborateur au quotidien avec son équipe et son manager, il n'en reste pas moins que la fonction RH est perçue comme responsable du niveau d'engagement et qu'elle sera jugée sur sa capacité à faire croître le niveau moyen d'engagement dans l'entreprise. Sur ce plan, les études de benchmarking externe comme « Great Place to Work » ou « Top Employers » constituent de plus en plus des références auxquelles les dirigeants accordent une attention particulière, car elles participent du développement de la réputation de l'entreprise lui permettant de se différencier tout autant vis-à-vis de ses clients que de ses partenaires et, bien sûr, de ses collaborateurs actuels et futurs.

Les points clés auxquels la fonction RH n'a pas toujours répondu

Il faut reconnaître que faire évoluer la culture s'avère, comme nous l'avons déjà souligné, un défi majeur pour les DRH. Ils peuvent ainsi renforcer leur crédibilité et ceci d'autant plus que les opérationnels ne souhaitent pas, pour la plupart d'entre eux, s'emparer de cette question sinon pour se démarquer par une certaine forme de conservatisme. Dans ce contexte, les DRH interrogés reconnaissent cependant que la fonction humaine n'a pas toujours su répondre aux attentes de changement des dirigeants et des autres parties prenantes.

Un premier point, touchant à la culture d'entreprise, sur lequel la fonction RH a déçu, concerne l'explicitation même de la culture et la définition des valeurs, surtout dans des contextes d'entreprises globalisées issues de fusions successives. Il ne suffit, en effet, plus de réunir le Comex « au vert » durant deux jours pour lui demander de formaliser la nouvelle culture et, dans la foulée, de rédiger de nouvelles valeurs. Cette démarche « *top-down* » est de moins en moins acceptée par les jeunes générations qui demandent à être écoutées et entendues, faute de quoi l'entreprise risque d'avoir un effet retour très négatif sur les réseaux sociaux. Lorsqu'on se lance dans une démarche d'explicitation de la culture et de définition des valeurs destinées à soutenir le projet d'entreprise dans les années à venir, le DRH doit impérativement associer le plus grand nombre de collaborateurs à des démarches participatives destinées à faire émerger une perception collective des fondamentaux à conserver et les leviers de changement à développer pour permettre à l'entreprise de répondre à ses nouveaux défis.

Une autre insatisfaction à l'égard de la fonction RH quant à l'évolution de la culture d'entreprise se repère dans les perceptions par les dirigeants et autres parties prenantes des processus et pratiques RH mis en œuvre par la fonction. Trop souvent, en effet, on observe une dissociation, voire une contradiction, entre l'évolution de la culture souhaitée, les nouvelles valeurs à renforcer, et les pratiques développées sur le terrain. Comment peut-on être crédible, par exemple, sur un changement de culture privilégiant la coopération et l'esprit d'équipe lorsque tous les systèmes d'incitation (bonus, promotions, etc.) continuent de récompenser la performance individuelle ? Si l'on veut réellement faire évoluer la culture de l'entreprise, c'est toute la chaîne de valeur RH qui est concernée, depuis la communication à destination des futurs collaborateurs jusqu'au développement des carrières, en passant par le recrutement, le management de la performance et, bien sûr, les systèmes de rémunération, etc. L'ensemble de cette chaîne doit pouvoir montrer que la culture d'entreprise a changé et que les nouvelles valeurs sont réellement pratiquées.

Une autre point sur lequel la fonction RH est attendue, mais pas toujours au rendez-vous, comme le soulignent les DRH interrogés lors de l'enquête, est la capacité de la fonction à initier et mettre en œuvre une démarche de changement de la culture d'entreprise. Comme le montre le troisième chapitre, le rôle joué par la fonction RH dans les transformations de l'organisation est crucial. Or, lorsqu'il s'agit de faire évoluer les hypothèses fondamentales et traduire le changement de la culture d'entreprise en nouvelles valeurs, le DRH doit faire preuve de beaucoup de conviction et de capacité d'influence pour réussir une véritable mutation des mentalités individuelles et collectives. Comme nous l'avons déjà souligné, les « têtes couronnées » et autres barons de l'entreprise peuvent être des facteurs importants de résistances au changement. Dans cette situation, il peut être excessivement difficile pour le DRH d'asseoir sa crédibilité pour faire évoluer la culture d'entreprise s'il ne bénéficie pas du soutien total de son président. C'est ici que le fameux binôme P-DG-DRH prend tout son sens et que ce dernier peut jouer pleinement le rôle d'« activiste crédible » décrit par David Ulrich et ses collègues dans leur livre déjà cité[1].

---

1. *HR from the Outside In, op. cit.*

Une autre déception vis-à-vis de la fonction RH dans le rôle qu'on attend d'elle pour faire évoluer la culture d'entreprise réside dans la question de l'exemplarité, comme le souligne la conclusion du troisième chapitre. Il semble en effet difficile pour un DRH de s'engager pleinement dans une démarche de transformation des hypothèses fondamentales si lui-même, et la fonction qu'il représente, ne démontrent pas dans les attitudes et les comportements un véritable changement. Comment demander, en effet, à un ensemble d'acteurs de l'entreprise – managers et collaborateurs – de s'engager dans une nouvelle aventure remettant parfois assez profondément en cause le *statu quo* si la fonction appelée à initier le changement n'est pas elle-même exemplaire ? Ici se pose encore la question de la crédibilité du discours et des actes.

Enfin un dernier regret, exprimé par les DRH interrogés lors de l'enquête, souligne la difficulté pour la fonction RH de promouvoir une culture d'entreprise en pleine évolution dans des régions mondiales qui sont éloignées du siège, tant sur le plan de la distance physique que sur celui des modèles culturels nationaux. Il y a souvent un travail à faire de traduction des valeurs dans chacun des pays avec leurs mots, leurs concepts, leurs exemples concrets. Une approche « *top-down* » ne fonctionne pas. Une approche adaptée, par contre, peut être qualifiée de « glocale » (simultanément globale et locale). L'éthique, par exemple, n'a pas la même représentation pour ceux qui y voient principalement le respect des règles financières dans les pays anglo-saxons, pour ceux qui veillent à ne pas mettre de produits interdits dans la fabrication en Asie, pour ceux qui refusent la tentation de la corruption en Amérique du Sud, ou pour ceux qui y voient le besoin de consacrer une partie du profit à ceux qui n'ont rien en Inde ou en Afrique. Même si l'évolution de la culture d'entreprise et les nouvelles valeurs sont bien comprises et appropriées par les collaborateurs les plus proches du siège – et pour nos entreprises françaises en Europe de l'Ouest – on reproche à la fonction RH de ne pas toujours s'assurer de cette compréhension et appropriation dans des pays éloignés où l'entreprise est nouvellement implantée. Une question clé concerne, enfin, l'appropriation réelle d'un modèle de leadership, qui représente la vision qu'a l'entreprise de ses leaders quel que soit le pays, dans des pays et des cultures très différents du pays d'origine.

Quelques pistes pour satisfaire les attentes des dirigeants

Dans la mesure où la fonction RH est la seule grande fonction transversale de l'entreprise, c'est une opportunité pour elle de pouvoir jouer un rôle décisif dans l'évolution souhaitée, par les dirigeants, de la culture d'entreprise qui reste le ciment reliant toutes les composantes de l'entreprise et constituant l'explication fondamentale de ce qui s'y déroule. Encore faut-il qu'elle sache se saisir de possibilités d'actions, comme nous le proposons avec les quelques pistes qui suivent.

La première piste pour la fonction RH consiste à s'assurer du soutien total du P-DG et de l'ensemble de l'équipe dirigeante pour faire évoluer les hypothèses fondamentales et les habitudes de l'organisation qui, dans la plupart des cas, on fait le succès de l'entreprise. Il s'agit non seulement de s'assurer de l'engagement du président qui, dans son discours, doit être non seulement le plus clair possible, mais aussi de mettre en œuvre un certain nombre d'actions symboliques qui doivent montrer à l'ensemble des collaborateurs que le changement de culture se traduit par des réalités au quotidien. Si, par exemple, la diversité devient un enjeu majeur pour l'entreprise, celle-ci doit être visible à tous les niveaux de l'entreprise et en particulier au niveau du Comex, dont la composition devrait progressivement refléter l'évolution de la culture en intégrant des profils différents (les femmes, les non-nationaux, etc.). La décision d'engager fortement l'entreprise sur le plan de la diversité doit faire l'objet d'objectifs chiffrés à trois à cinq ans avec des évaluations annuelles.

Une deuxième piste concerne l'opportunité pour la fonction RH de redonner du sens dans un contexte où l'importance prise par la responsabilité sociétale de l'entreprise devient un enjeu stratégique. Comme nous l'avons montré dans le premier chapitre, l'impact simultané de la révolution numérique et du poids croissant de la génération Y interpelle profondément l'entreprise. Ce que nous avons appelé un changement de paradigme pose en des termes différents la question de la responsabilité sociétale, qui fait l'objet aujourd'hui d'une surveillance attentive de la part de nombreuses parties prenantes. On ne pourra plus afficher seulement un discours de responsabilité sociétale, il faudra de plus en plus prouver par des actions concrètes que cette responsabilité est une réalité dans l'entreprise. C'est ici que la fonction RH peut redonner du sens en incitant, par exemple, les collaborateurs à donner une journée à une association, comme le fait, depuis plusieurs années, L'Oréal avec le « Citizen Day »[1]. Ce type d'action redonne à l'entreprise le sens d'un collectif plus durable avec le souci de « rendre à la société », ce que font depuis des décennies certaines grandes entreprises indiennes qui, comme Tata, ont construit écoles et hôpitaux là où l'État indien était défaillant.

Une troisième piste qui peut être utilisée par la fonction RH pour faire évoluer la culture est celle de la construction d'une marque employeur qui doit permettre à l'entreprise de se différencier de ses concurrents par l'ensemble des valeurs qu'elle affiche. Cependant, comme nous l'avons déjà souligné, l'affichage n'est pas suffisant, car plus importante encore est l'expérience au quotidien du collaborateur. On ne peut pas affirmer dans les actions relatives à la marque employeur que l'entreprise est ouverte, bienveillante et conviviale si le vécu au quotidien des collaborateurs ne correspond pas à cette belle image projetée à l'extérieur. D'où l'importance pour le DRH de convaincre l'ensemble des parties prenantes que le changement de culture visible dans

---

1. http://www.loreal.fr/news/citizen-day-2013-plus-de-4500-collaborateurs-se-mobilisent-en-france.aspx

la communication sur la marque employeur est, en fait, une obligation pour chaque manager de faire mieux tous les jours pour que la réalité corresponde à ce qui est annoncé. Faute de quoi la réputation de l'entreprise, notamment dans les réseaux sociaux ou des sites d'évaluation des entreprises comme Glassdoor[1], risque d'être profondément entamée.

Une dernière piste est celle de la détermination que doit pouvoir afficher le DRH pour faire évoluer la culture en proposant et faisant accepter peu d'actions, mais particulièrement symboliques et bien ciblées aux yeux de tous, qui peuvent facilement voir qu'elles vont dans la bonne direction. Il doit être conscient qu'il va remettre en cause le *statu quo* et rencontrer, comme nous l'avons déjà souligné, l'opposition de certaines « têtes couronnées » et autres barons de l'entreprise. Dans cette perspective, il doit simplifier le discours sur les valeurs et faire évoluer le modèle de leadership en veillant à laisser beaucoup d'autonomie aux pays, en dehors des managers stratégiques, pour adapter le modèle en fonction des habitudes, des clients, et des métiers locaux qui sont différents de ceux du siège.

Faire évoluer la culture d'entreprise

Pour conclure ce chapitre, nous pouvons souligner que faire évoluer la culture d'entreprise représente pour le DRH, selon les personnes interrogées lors de l'enquête,

---

1. http://www.glassdoor.com/index.htm

une opportunité unique pour renforcer son image s'il sait initier et piloter la démarche de changement. Il devra être particulièrement vigilant sur certains points s'il veut réussir en respectant la plupart des principes clés suivants :

– Faire preuve de discernement en évitant les effets de modes managériales dont on sait que la durée de vie est souvent inversement proportionnelle à la rapidité de leur diffusion dans les entreprises, sous l'influence notamment des grands cabinets conseil en stratégie et organisation. Il devra rester focalisé sur les tendances lourdes en matière d'évolution des organisations.

– Limiter le nombre des actions qu'il initie pour traduire en réalité concrète l'évolution souhaitée de la culture en ne retenant que celles qui sont les plus susceptibles d'être comprises et acceptées par tous.

– Tirer profit de sa relation privilégiée avec le président qui, comme nous le verrons dans le chapitre 7, voit dans le DRH son principal soutien au sein du Comex pour affiner et sertir sa pensée sur le sujet du changement culturel. À ce titre, l'influence que peut avoir le DRH sur le président est loin d'être négligeable s'il sait démontrer que les actions proposées produiront rapidement des effets bénéfiques sur l'évolution souhaitée de la culture d'entreprise.

– Démontrer du courage et de la lucidité pour convaincre les acteurs réticents que le changement de culture et l'introduction de nouvelles valeurs sont inévitables pour permettre à l'entreprise de réussir dans un environnement qui se transforme tous les jours (nouveaux pays, nouveaux métiers, nouvelles technologies, nouvelles générations, nouvelles attentes de la vie au travail, etc.).

– Proposer des solutions innovantes au plan international, notamment dans les pays émergents, où les nouvelles générations ne peuvent pas se satisfaire des modèles anciens. Il n'est pas question de dépoussiérer les recettes de management de la fin du XXᵉ siècle ; il devra en quelque sorte réinventer l'entreprise.

– S'engager personnellement pour montrer à l'ensemble des parties prenantes que son discours est crédible, même quand la situation exige que le changement passe par des restructurations et des remises en cause des habitudes de l'entreprise qui ont fait son succès.

– Savoir rester en position d'arbitre et de « gardien du temple » en veillant au respect de l'évolution de la culture dans les pratiques managériales au quotidien. Dans cette perspective, il devra s'assurer du parfait alignement des process RH et des pratiques opérationnelles.

– Enfin, être exemplaire lui-même et rapide dans ses décisions à l'encontre de ceux qui ne respectent pas les valeurs de l'entreprise et ne s'en cachent pas.

En définitive, « faire évoluer la culture » est la nouvelle injonction des dirigeants vis-à-vis de leurs DRH qui deviennent, avec ce que cela comporte d'équilibrisme, des alchimistes, des démineurs et des stratèges en communication.

Chapitre 6

Relever le niveau par la reprofessionnalisation de la fonction RH

Les enjeux de la reprofessionnalisation des RH

Au cours des entretiens, tous les DRH groupe, qu'ils viennent de l'interne ou de l'extérieur, ont mentionné une priorité transversale, clé pour le succès de leurs politiques : la reprofessionnalisation de la fonction RH de l'entreprise.

« *Le président l'avait indiqué au cours de discussions préliminaires, les pairs du Comex l'ont confirmé dans leurs premiers entretiens : l'équipe RH de l'entreprise ne paraît pas au niveau souhaité pour accompagner la croissance de l'entreprise, a fortiori pour atteindre les objectifs ambitieux du nouveau DRH.* » Les enjeux de la professionnalisation de la fonction RH pour l'entreprise se résument à la capacité d'accomplir vite et bien, partout dans l'organisation, les actions RH nécessaires à la croissance future de l'entreprise, en étant simple, rigoureux et efficace.

Nous verrons dans une première partie les reproches les plus fréquents adressés à la fonction RH, les réponses traditionnelles qu'ont apportées les RH, et enfin les pistes d'action possibles pour reprofessionnaliser les RH.

Les reproches les plus fréquents entendus au moment de leur prise de poste étaient nombreux et lourds (le florilège des reproches qui suit ne s'applique pas à tout le monde dans toutes les entreprises. Mais, on peut dire que « *si tous n'en mouraient pas, tous étaient touchés* ») :

– Un manque de rigueur : les acteurs de la DRH sont accusés ne pas tenir les délais, leurs chiffres sont faux, et cela manque de clarté.

– Un manque de service : les promesses ne sont pas tenues par les DRH. La moindre demande administrative est un calvaire pour le salarié, la moindre demande opérationnelle constitue un enfer pour les dirigeants. Le service est lent, incomplet et de piètre qualité quand il n'y a pas d'erreurs.

– Un manque d'impact sur les affaires : les gens de la DRH sont perçus comme loin du terrain, « *on ne les voit pas, on ne sait pas ce qu'ils font* », et connaissant mal le business ; ils n'apportent pas de valeur réellement utile, ce qui est illustré par les process RH longs et compliqués, sans impact sur la vraie vie au travail.

– Un manque à l'international : généralement, la fonction RH a construit un camp retranché sur le territoire français, le siège et les relations sociales. L'explosion de la globalisation et le développement de l'entreprise à l'international ont soudain rendu leurs conseils non pas obsolètes, mais beaucoup moins utiles.

– Un manque de lisibilité : l'incapacité ressentie de la fonction RH à avoir un avis tranché sur l'organisation, les personnes ou les restructurations, cherchant toujours à se réfugier derrière leur statut RH pour ne pas prendre parti dans le *business* ; une excuse souvent entendue – « *la décision ne m'appartient pas* » – ; et toujours la dramatisation des risques syndicaux et de la complexité des PSE (Plans de Sauvegarde de l'Emploi) pour justifier leur frilosité ; enfin l'absence de proposition de solutions simples (sauf à payer une fortune), en se rangeant du côté du plus fort, et en cherchant à se protéger.

Conséquence, dans toute l'organisation, les opérationnels les marginalisent et avancent sans eux, ou cantonnent leurs DRH locaux à des tâches réactives liées à leurs besoins immédiats. D'où la difficulté de préciser ce qu'est le « métier » de DRH, dont les définitions, les contours et les limites varient géométriquement selon le bon vouloir des DG en charge. La formule très répandue dans les DRH « *de toute façon, c'est la relation avec le DG qui fait tout* » en témoigne comme d'une réalité vécue et acceptée par beaucoup. Comme dans la vraie vie, les secrets du couple ne révèlent jamais à l'extérieur qui fait quoi, ni pourquoi le couple dure, mais les observateurs extérieurs en ont une bonne idée.

Sans parler de la propension souvent moquée des DRH à se réunir entre eux, en interne comme en externe, car, disent les opérationnels, ils sont les seuls à goûter cette cuisine très particulière.

– Des expertises RH renforcées, mais en concurrence avec l'extérieur : les RH sont censées représenter l'expertise dans un certain nombre de domaines : recrutement, organisation/développement, management des talents, rémunération et avantages sociaux, relations sociales et droit social. Pour beaucoup, ces expertises représentaient le pré carré de la DRH.

Or, depuis le début des années 2000, la réalité a évolué. L'offre de consultants extérieurs dans tous les domaines RH s'est considérablement enrichie, au point de devenir des recours possibles, parfois indispensables à tout DRH qui veut mener ses projets à bien.

Soyons clairs. Il est de l'intérêt de toute entreprise de conserver et de développer en interne la meilleure expertise possible, qui sera d'autant plus pertinente qu'il s'agira d'une expertise « maison », outillée par l'expérience. Les DRH doivent veiller dans ce sens à ce que leurs experts internes soient à même de suivre la vitesse et la complexité de l'évolution des techniques. Ce qui s'avère de plus en plus difficile.

Le corps social interne (et les comités de direction…) n'apprécie certainement pas les projets ou les solutions qui apparaissent comme des copiés-collés de grands cabinets externes. Cependant, de plus en plus, ces experts maison doivent recourir à l'appui partiel, ponctuel, d'experts extérieurs qui vont les aider à construire leurs solutions « internes ».

Imagine-t-on aujourd'hui un recrutement calibré sans chasseur de têtes, une posture juridique en droit social sans l'avis outillé d'un grand cabinet d'avocats, le développement des talents sans l'intervention de coachs, d'« *assessment centers* » (centres d'évaluation) pointus, la transformation de l'organisation sans experts ? Ceci entraîne deux conséquences. D'une part, l'expertise pointue technique RH se transporte peu à peu de l'entreprise vers l'extérieur. La valeur ajoutée du DRH réside alors plus dans sa façon de gérer les outils internes ou externes à sa disposition, selon des critères de coût/efficacité, d'acceptation par l'interne – par exemple, son expérience accumulée pour faire face à toutes sortes de situations va lui permettre de privilégier les actions qui seront les mieux perçues et les plus cohérentes avec ce que son entreprise peut accepter. Toujours présentés comme « internes », les politiques ou projets RH auront reçu, un peu ou beaucoup, un appui technique de l'extérieur.

L'expertise de l'équipe RH se transforme peu à peu. L'analyse des besoins du *business* devient primordiale, la réponse apportée et l'exécution rapide constitueront l'expertise souhaitée. La technique RH est sortie de son isolement. Les meilleurs RH sont ceux qui la simplifient et font comprendre les impacts positifs et rapides sur les problématiques opérationnelles.

Cependant, dans d'autres entreprises de toute taille, de toutes les géographies, les opérationnels impatients (litote) et déçus par le comportement de certains de leurs DRH, comme nous l'avons déjà souligné, seront tentés d'aller voir directement l'offre extérieure sans passer par eux. D'autant plus que les consultants spécialisés les démarchent parfois en direct, souvent indirectement par d'autres opérationnels, en clamant bien haut que « oui, c'est possible » et que d'ailleurs ils ont déjà fait, et réussi, dans d'autres sociétés de taille comparable, ce que veut le DG ou l'opérationnel.

« *Oui, c'est possible* » : ici se trouve le nœud de la grande transformation que nous vivons. Les opérationnels n'ont jamais eu plus qu'aujourd'hui conscience de ce que les expertises et les outils RH pouvaient leur apporter pour réussir leur vision et les projets qui en découlent. Par conséquent, ils ont besoin d'une mise en place fiable, rapide et alignée avec la stratégie de l'entreprise.

Si la fonction RH ne livre pas, avec l'excuse souvent entendue « *non, c'est impossible, c'est vraiment très difficile, je ne me sens pas en situation de confort* », ce que l'opérationnel est en droit d'espérer, il le lui reprochera : « *Assez de vos explications, j'ai besoin de solutions.* » Puis il prendra lui-même directement le leadership RH en sélectionnant les meilleurs experts RH qui lui rapporteront directement pour l'exécution de son plan. Le DRH qui ne délivre pas sera d'autant plus accusé de médiocrité ou de mauvaise volonté que le DG peut obtenir à peu près ce qu'il souhaite avec les mêmes ressources disponibles sur le marché.

Les réponses traditionnelles de la fonction RH

Quelle posture pour quel DRH ? Sous le même titre, « DRH », se trouvent des postes totalement différents en termes de responsabilités, de pouvoir et de leadership. Les DRH ont l'habitude de dire que c'est la relation avec la direction générale qui définit leur poste. Disons plutôt que c'est leur attitude face à la direction générale qui va définir leur posture.

Posture n° 1

Le directeur opérationnel décide de tout, de la stratégie comme des plans d'action. C'est lui qui décide qui fera quoi, à l'interne comme à l'externe. Il choisit les intervenants extérieurs lui-même, qui lui rendront compte régulièrement et précisément de l'avancement de leurs travaux. Au début du process, l'opérationnel fait venir le DRH, lui présente le projet, le présente aux consultants – « *voici notre DRH qui coordonne toutes les actions* » –, ce qui pourrait se traduire par « *c'est lui qui prendra les rendez-vous et paiera les factures* ». C'est la posture du « DRH assistant ». Soyons positifs : il apprend à travailler avec les opérationnels et est bien cadré !

Posture n° 2

Le directeur opérationnel décide de la stratégie et définit les plans d'action RH qui en découlent. Le DRH n'a pas la responsabilité de la décision, mais celle de l'exécution. C'est à lui d'organiser le travail en interne, et de recruter les supports extérieurs nécessaires pour l'atteinte des résultats en qualité, en temps et en budget. Ce DRH indique bien que ce sera un parcours compliqué, semé d'embûches, et qu'il entraînera des conséquences sur le moral des troupes. Mais il ne peut pas trop insister, refuser, sans risque de se retrouver en posture numéro un, avec comme corollaire que quels que soient les efforts déployés par le DRH exécutant, les reproches seront toujours d'actualité : sur la qualité du recrutement, le coût de la transformation, la vitesse du changement, etc. Tout devient prétexte à reproches à l'encontre de l'exécutant qui court, travaille énormément, mais ne satisfait jamais totalement ses pairs, ni son DG.

C'est la posture du « DRH exécutant », pas responsable mais coupable. Posture très répandue, piège par excellence, où l'on n'a aucune chance de l'emporter. « *Perform, don't run* »[1] (« *Tes résultats d'abord, pas la course* »), disent les Américains. Prends plus de temps à convaincre ton patron lors de la phase de conception du plan qu'à tenter de réconcilier l'inconciliable. « *Si ton adversaire te bat au tennis, ne demande pas à ton coach de t'apprendre à courir plus vite* », diraient les Français.

Posture n° 3

Le DG consulte son DRH en amont pour adapter la stratégie de l'entreprise. En fonction de ses avis, tous les plans d'action qui en découlent sont discutés entre eux deux, puis agréés par le comité de direction. Chacun

---

1. Randall McDonald, J., *in* Wright, P., Boudreau J., Pace, P., Libby Sartain, L., *The Chief HR Officer: Defining the New Role of Human Resource Leaders*, Jossey-Bass, 2011.

sait ce qu'il a à faire et ce qu'il doit faire pour les autres. L'esprit de coopération et de collaboration prédomine, même si le DRH est bien sûr responsable de son plan, du choix des moyens et des acteurs, mais travaille en équipe.

Anticiper, planifier, éduquer la prise de décision en amont, sont les attributions du DRH leader. C'est la posture numéro trois, dite « poste du DRH d'aujourd'hui ». Bien sûr, il y aura des accrocs, des erreurs, des déceptions, mais ils seront corrigés en équipe. Bien sûr, si le DRH n'arrive pas à convaincre son comité de direction, l'arbitrage du président ne pourra lui être favorable qu'une ou deux fois par an, en moyenne, mais sûrement pas toujours.

Seuls les DRH qui, par leur stature et leur crédibilité, arrivent à expliquer ce qu'est le « métier » de l'humain, réussissent à influer sur les décisions stratégiques de l'entreprise. Ils sont une minorité et savent que rien n'est jamais acquis de ce côté-là. Sur ce plan, le témoignage de Jean-Luc Vergne[1], avec une expérience de plus trente années en tant que DGRH de grands Groupes, illustre parfaitement ce point.

En définitive, si les DRH aiment bien se présenter en architectes de l'entreprise, et donner des présentations magnifiques dans les réunions RH, un peu de précision et d'humilité les conduirait à reconnaître qu'ils sont souvent de simples conducteurs de travaux. Ce qui n'est déjà pas si mal.

---

1. Vergne, J.-L., *Itinéraire d'un DRH gâté*, Eyrolles, 2013.

Prenons quelques exemples concrets dans des domaines régaliens de la DRH pour illustrer cette tendance :

– Recrutement : les chasseurs de tête confessent que de nombreuses missions leur sont confiées sans même que la DRH soit au courant, ou alors seulement pour « participer au recrutement » c'est-à-dire coordonner les rendez-vous. Ce phénomène ne touche pas que les « gros » postes, mais des pans entiers de recrutements (vendeurs, techniciens, etc.). Il n'est pas rare (et pas moins efficace) de voir des missions de recrutements collectifs sous-traitées à des cabinets spécialisés ou des sociétés d'intérim qui ont la structure adéquate, qui rapportent au directeur opérationnel.

La performance des DRH en recrutement est classée en tête des sujets de mécontentement des opérationnels vis-à-vis des DRH (BCG survey 2013 : « Creative people advantage »). Seule une coopération en amont beaucoup plus forte et la définition en commun des résultats attendus permettent de changer la perception.

– Transformations de l'organisation : le chapitre 3 a clairement mis en évidence ce que représentent pour les DRH le pilotage et l'accompagnement des transformations de l'organisation. Défi permanent pour la *business unit*, il s'agit de la performance de l'entreprise. Il faut aller vite, engager tous les acteurs et faire baisser les coûts de fonctionnement selon des plans d'action complets datés et des mesures de performance adéquats. Là encore, l'accélération des besoins du *business*, et la prise de conscience des DG de la priorité que représentait cet enjeu pour eux, ont vite fait de provoquer en externe une offre complète.

Certains DRH ont réussi à créer une fonction « organisation » qui leur rapporte, véritable expertise interne.

D'autres ont recours à l'externe, avec ses cabinets spécialisés, proposant des solutions éprouvées, qui intègrent déclinaison de la stratégie de l'entreprise et architecture du changement, avec ce qu'il faut de formation et/ou d'action et d'accompagnement humain. À eux de les « internaliser » pour les faire mieux accepter.

Le DRH se trouve confronté à un défi permanent : s'exposer davantage, c'est être à la manœuvre des opérations de changement, selon ses plans, son rythme, ses partenaires, et prendre plus de responsabilités. Donc supporter plus de risques, plus de pression.

Au contraire, s'il ne participe que de plus loin à l'élaboration des plans d'action, s'il se tient plus en position fonctionnelle protégée par son DG, le risque est de le voir cantonné à la négociation sociale uniquement, tandis que les véritables acteurs du changement seront ailleurs.

Reconnaissons qu'aujourd'hui un DRH n'a plus trop le choix : s'il hésite, s'il freine, il sera vraisemblablement marginalisé par les opérationnels, qui agiront sans lui. Il n'a donc comme unique solution que d'être un *business leader*, qui intègre et dirige les transformations. La « révolution numérique » offre une opportunité unique au DRH qui veut prendre une place prépondérante dans l'organisation. Touchant à tous les aspects de l'entreprise et impliquant chaque collaborateur, le DRH est le mieux placé pour mener le projet en coopération avec les autres directions. La rémunération et les avantages sociaux (*compensation and benefits*) : depuis 2007, la gouvernance, les codes, les législations et les demandes des actionnaires ont provoqué, partout dans les pays développés, une montée en puissance des informations et des techniques à posséder. Certains rémunérations et avantages sociaux de l'interne se sont révélés un peu justes (euphémisme) pour suivre cette évolution si rapide. Les présidents et les Conseils d'administration ont alors largement utilisé les directeurs financiers ou secrétaires généraux, et, en direct, les cabinets spécialisés en rémunération.

Conséquence, les DRH Groupe de l'époque n'ont pas tous été associés aux travaux de création de plans de stock-options ou d'attribution d'actions, ni à l'installation de la gouvernance. Si tous « préparent » le Comité de rémunération, tous n'y sont pas présents aujourd'hui.

Une seconde génération de managers dédiés à la rémunération et aux avantages sociaux arrive, mieux formée, et prête à répondre aux besoins de l'entreprise avec un danger : que leurs présidents leur demandent de leur rapporter directement et non pas au DRH. Le même phénomène peut s'appliquer à d'autres expertises du métier du DRH, comme la stratégie, la communication ou même les restructurations.

Les pistes d'action possibles

Agir rapidement

Pour les DRH groupe, une fois le diagnostic de leur équipe RH effectué, il faut agir pour développer celle-ci et rapidement l'amener au niveau.

L'excuse ou la critique d'une équipe RH trop faible ne marche qu'une fois au début. Quelques semaines après, la responsabilité du DRH groupe est engagée s'il n'a pas entrepris les changements nécessaires.

Les actions majeures les plus fréquentes

Transformation de la fonction RH elle-même

Comment peut-on demander au reste de l'organisation de se transformer si la RH ne donne pas l'exemple ?

Cette transformation passait par une mise à plat de la stratégie de l'entreprise et des plans RH qui en découlaient et la prise de conscience que l'axe « *people* » était stratégique pour soutenir le développement de l'entreprise et que toute la fonction RH était modélisée. (Dans les entreprises du CAC 40, la fonction RH pèse souvent entre cinq cents et deux mille personnes, ce qui donne une idée du défi.)

La plupart du temps, cette transformation s'est effectuée en y associant les DRH et les opérationnels, le comité de direction et le président , qui ont pu valider les fondamentaux de la DRH : mission, contributions attendues, niveau de compétences requis, politiques

RH, mesure de la performance et du service souhaités. C'était presque toujours la première fois que ce genre d'exercice était pratiqué à ce niveau-là.

Une DRH clarifiée et simplifiée dans son rôle, encore fallait-il avoir les bons acteurs. Le développement des équipes RH s'est effectué autour de plusieurs domaines.

Le domaine de la connaissance

Pour répondre aux défis actuels et futurs, la fonction RH devait approfondir sa perception de l'environnement dans lequel elle devait agir, notamment par la formation :

– Un axe de formation économique : macro et micro, comprendre le *business model* de l'entreprise, agir sur chaque ligne du compte d'exploitation, savoir mesurer un ROI (retour sur investissement), ce que veulent les clients.

– Un axe transversal : comprendre les fondamentaux des autres fonctions de l'entreprise, leurs KPI de performance, comprendre les particularismes, pour adapter les services que la DRH pouvait offrir et avec quels retours sur investissement.

– Un axe réflexif : apprendre et intégrer les évolutions du monde dans le domaine du sociétal, des nouvelles technologies et des nouvelles générations qui arrivent au pouvoir. Par exemple, faire de la RSE un atout stratégique, porteur de sens pour l'entreprise et beaucoup de générations, au lieu d'un exercice fastidieux de reporting.

Le domaine de la valeur ajoutée

Pour s'imposer aux DG et/ou aux opérationnels, le DRH ne peut se contenter de gérer paisiblement, voire en se cachant un peu pour se protéger. Il doit prouver sa valeur ajoutée, notamment dans les expertises « régaliennes » de la RH, fortement concurrencées par l'apport des experts externes, comme nous l'avons vu plus haut.

Justement, la nouvelle valeur ajoutée des DRH passe par une connaissance plus approfondie de certaines techniques, de ce qu'elles peuvent apporter et de ce qu'elles anticipent, pour pouvoir répondre avec plus de solutions aux besoins du *business*. Ainsi, les équipes DRH ont-elles été invitées à creuser :

– Ce qu'organisation signifie : les modèles d'organisation classiques, le design organisationnel, les nouvelles expérimentations, surtout avec l'arrivée des nouvelles technologies. La fonction organisation existe de plus en plus en entreprise : le fait qu'elle soit rattachée à la DRH est un mérite, encore rare.

– Le « *Big Data* » et les conséquences pratiques pour la gestion des ressources humaines. Plus généralement « *à quoi ressemblera le travail demain* »[1] est un très bon livre qui nous invite à… agir. Dans ce domaine, trop peu d'expérimentations sont en place, trop peu viennent du DRH. Voilà un domaine très vaste (les nouvelles tech-

---

1. Enlart, S., Charbonnier, O., *À quoi ressemblera le travail demain ? Technologies numériques, nouvelles organisations et relations au travail*, Dunod, 2013.

nologies) dont personne ne connaît vraiment l'évolution ni les conséquences. Une opportunité en or pour ceux dans la fonction RH qui veulent prendre le leadership en organisation. Leur valeur ajoutée sera vite prouvée.

– Ce que sont les styles de management, différents, forcément différents, et comment ils peuvent cohabiter, avec le multiculturalisme. C'est un programme lourd, mais la complexité du monde actuel oblige à intégrer ces éléments. Un DRH qui sait les clarifier et les simplifier, au bénéfice de tous, qui sait se mettre dans l'action, prendra vite le leadership lorsqu'il sera question de management collaboratif ou de transversalité. Rien ne se fera sans lui.

– Ressources (désespérément) humaines : « *Beaucoup de R, peu de H* », disent les méchantes langues. Il est important de les contredire en imposant une compétence supérieure dans… l'humain.

– Comprendre sa valeur ajoutée dans les services rendus : rien ne sert de courir partout, il faut choisir ce qui rapporte le plus, et le prouver en mesurant. Former l'équipe RH à comprendre la notion de service, les besoins de son client interne, le DG de l'unité, et savoir choisir les deux ou trois priorités ou actions qui vont y répondre, voilà une approche qui nécessite un esprit d'analyse pertinent et rigoureux, et une véritable connaissance des « bonnes pratiques » disponibles. Le travail sur des grilles d'analyse et de prise de décision, et la veille permanente des actions qui « marchent » pour s'adapter à son entreprise peuvent le permettre. En tout cas, ce domaine traduit la valeur ajoutée du DRH.

Le domaine des compétences personnelles

Soyons clairs. Les DRH nommés parlent du changement nécessaire d'un quart à la moitié de leurs cadres. Dans presque tous les cas, des embauches de « poids lourds », de spécialistes de bon niveau, ont été effectuées à l'extérieur de l'entreprise, pour tirer l'équipe vers le haut. Fait nouveau, en interne, des talents opérationnels se voyaient offrir un « passage » à la DRH, ce qui devait contribuer à la rapprocher du *business* et à leur donner une expérience supplémentaire pour le futur.

Pour toutes les DRH qui voulaient prendre le leadership dans leur domaine, l'urgence et l'importance étaient de pouvoir convaincre le DG de leur niveau de compétence. Pour cela, un véritable travail de renforcement de haut niveau était nécessaire sur :

- l'influence (ou technique de vente…) ;
- la conduite du changement ;
- la négociation et la coopération, avec toutes les parties prenantes ;
- la planification ou la transparence ;
- la créativité dans l'exécution.

À partir du moment où l'on choisit de s'exposer, de mener des projets et de rendre des comptes, la bonne volonté ne suffit plus. Les compétences personnelles doivent êtres pointues et renforcées pour faire face aux besoins du moment connus, par exemple, emporter l'adhésion des collègues du comité de direction.

Le domaine des compétences managériales

La rigueur, la précision et l'efficacité qui règnent sur le terrain, vis-à-vis des clients ou des fournisseurs, se doivent d'être « naturellement » transférées dans les DRH.

Grâce notamment à l'arrivée des opérationnels, mais pas seulement, les temps sont respectés, les tableaux de chiffres sont justes et toute demande aux opérationnels est suivie d'un feed-back. Le DRH est un manager comme un autre, avec autant de responsabilités et de comptes à rendre, autant de visibilité.

Un process pour un manager est un outil pour réaliser un objectif. L'objectif n'est pas le process lui-même, de l'appliquer dans les délais et avec 100 % de participation (sinon, tant pis…). Le DRH qui maîtrise son sujet sait montrer l'impact sur le *business* des process qu'il met en place et sait corriger le tir dès les premiers signaux négatifs. Tout le monde comprend ce qu'il fait, il est transparent sur les causes et les résultats.

Fort de ces développements, le DRH groupe va pouvoir opérer une dernière démarche organisationnelle : le rapprochement de la fonction RH des opérationnels. Partout dans le monde, les DG d'unités se dotent d'un DRH opérationnel qui leur rapportera directement, mais qui fonctionnellement sera rattaché au groupe, où il trouvera les expertises et les développements nécessaires pour mener à bien ses missions.

Enfin, il faut savoir communiquer et/ou présenter ses plans comme un manager à part entière. La DRH, anciennement « *business partner* », s'est muée en « *business leader* ».

Le développement de la professionnalisation par la formation et la certification

Une question demeure essentielle : pourquoi rechercher encore plus de rigueur dans l'exercice du métier de DRH ? La réponse est assez simple : entre une volonté affichée et les pratiques observées sur le terrain, l'écart est encore trop grand dans le champ RH quand on le compare à celui de la finance ou du marketing par exemple. Dans de nombreuses entreprises, on considère encore que ce qui relève de la gestion humaine tient beaucoup plus du bon sens que de pratiques d'une gestion rigoureuse, comme le soulignait déjà en 2002 Bernard Galambaud dans un ouvrage qui a fait date[1].

Concrètement, si un process de la *supply chain* ou du contrôle de gestion n'est pas respecté, s'il est « bypassé », il y a automatiquement un coût à supporter par celui qui n'a pas respecté la règle, pour tenir compte des perturbations qu'il a causées. Tout le monde trouve normal que, par exemple, les ventes reçoivent un produit plus cher, s'il a été livré en dehors du process de la *supply chain*. Nous en sommes encore un peu loin pour ce qui concerne les RH.

Le développement de la professionnalisation de la fonction RH passe, entre autres, par l'existence de formations spécialisées dans le domaine. Il est utile de rappeler ici que ces formations (licences, masters, masters grandes

---

1. Galambaud, B., *Si la GRH était de la gestion*, Éditions Liaisons Sociales, 2002.

écoles) sont apparues, en définitive, assez tardivement par rapport à des formations dans d'autres domaines de gestion (finance, marketing, etc.) avec la création en France, par exemple, du CIFFOP (Centre interdisciplinaire de la formation à la fonction personnel) en 1971 et de l'Institut de Gestion Sociale (IGS) en 1975. Ces institutions restent aujourd'hui parmi les plus importantes dans la formation des futurs responsables RH parmi la petite centaine de formations qui ont été développées au cours des dernières décennies dans les universités et les grandes écoles. Une association, Référence RH, regroupant plus d'une trentaine de ces formations, a même été créée pour renforcer la professionnalisation de ces parcours diplômants. Toujours sur le plan des formations, la plus grande association américaine de responsables RH, la SHRM (Society for Human Resources Management), a proposé en 2011 un guide très complet[1] sur le contenu des formations RH dans le souci de mieux encadrer les parcours de professionnalisation des futurs responsables RH.

Il n'en reste pas moins qu'un nombre non négligeable des formations à la fonction RH ne relève d'aucune norme et ne fait l'objet d'aucun contrôle, ce qui pose inévitablement le problème de la qualité de ce qui est enseigné. Une fois encore, cette situation peut renforcer la perception d'un flou artistique sur le contenu des formations

---

1. SHRM, « SHRM Human Resource Curriculum: an integrated approach to HR education », 2011, téléchargeable sur : http://www.shrm.org/education/hreducation/documents/10-0778%202011%20curriculum%20guidebook-viewonly-fnl.pdf

aux RH avec l'impact négatif que l'on peut observer sur la professionnalisation de la fonction humaine. Cette tendance s'est renforcée récemment avec la disparition progressive de l'enseignement RH dans les cours obligatoires des programmes généralistes de management au profit du renforcement de la finance, du marketing de la stratégie[1].

Il y a donc une nécessité pour la fonction RH à s'interroger sur les moyens à mettre en œuvre pour renforcer son image d'une fonction aussi professionnelle que les autres grandes fonctions de l'entreprise. Pour ce faire, on peut se demander si la bonne voie est celle de la certification, comme le font depuis de nombreuses années les Anglo-Saxons, qui n'hésitent pas, comme les Britanniques avec les certifications du CIPD[2], à mettre en œuvre des démarches de certification des professionnels RH.

---

1. Besseyre des Horts, C.-H., « Quand les *business schools* abandonnent les ressources humaines : faut-il s'en réjouir ou s'en indigner ? », *Personnel*, novembre 2011, n° 523, pp. 104-106.

2. http://www.cipd.co.uk/

Chapitre 7

Le rôle singulier du DRH

Le rôle du DRH groupe pourrait se définir comme une relation singulière entretenue avec le président, des relations subtiles établies avec les autres parties prenantes, une charge émotionnelle forte.

La donne a changé

Jusqu'en 2008, la relation du DRH avec son président était l'alpha et l'oméga du rôle. Le DRH groupe entretenait une « bonne relation » avec son président depuis longtemps, parce que la rotation de poste de ce niveau n'était pas aussi forte, et parce que le dirigeant, avant qu'il ne soit nommé à ce poste, avait repéré le DRH à l'échelon d'une filiale, ou d'une branche.

Leur relation durait longtemps, empreinte d'une confiance indéfectible, malgré les récriminations, voire les critiques ouvertes des autres membres du comité de direction. Le DRH jouait un rôle comparable à celui de Mazarin : homme de l'ombre, homme de secrets, son pouvoir réel ou estimé tenait à une présence répétée, incessante, dans le bureau du dirigeant. On ne savait pas trop ce que faisait le DRH, mais on le respectait comme l'âme damnée du président.

Avec le *turnover* des DRH, et dans une moindre mesure des présidents, la donne a changé : voici venu le temps des DRH, dirigeants professionnels, choisis par des présidents qui les sélectionnent à l'extérieur après deux entretiens d'une heure, ou en interne, après deux ou trois entretiens également, mais avec plus de recommandations internes, plus d'historique.

Seulement six DRH sur quarante sont venus de l'interne. Pour les trente-quatre autres, la prise de poste était une découverte, soit de la fonction dans cette entreprise (s'ils étaient déjà DRH), soit de la fonction tout court (opérationnels).

Dans la période proche, nous constaterons, dans la première partie, que la nomination d'un DRH se fait sur des compétences particulières, qui mêlent le sens du *business* et celui de l'humain, mais pour durer (rappelons que la moyenne actuelle de durée dans le poste est de trois ans), le DRH se doit d'entretenir une relation singulière avec son président .

Dans une deuxième partie, nous analyserons la mesure de la performance du DRH et les relations subtiles avec les autres parties prenantes (*board*, Comité de direction, équipe RH, corps social interne et externe, etc.).

Enfin, nous évoquerons la charge émotionnelle spécifique du DRH d'un grand groupe.

Des talents et des compétences indispensables

Tout d'abord, le DRH est un dirigeant (« *business executive* ») comme un autre, un membre du comité exécutif, qui fait entendre sa voix clairement. Sa connaissance des produits, des clients, des concurrents, de l'international et du *cash-flow* de l'entreprise l'autorise à intervenir sur tous les sujets pour favoriser la bonne marche de l'entreprise. Lorsqu'il s'agit des plans d'action RH, le DRH emploie les mêmes mots, le même schéma de présentation que ses pairs, et veille à bien montrer l'impact de ce qu'il propose sur le *business model*, ou les résultats de l'entreprise.

Comme nous l'avons souligné au chapitre 2, la DRH est la seule fonction transversale dans l'entreprise. Il n'y a pas un seul aspect de l'entreprise qui ne soit touché directement ou indirectement par la RH. Plus encore, toute action ou décision prise dans un coin de la planète peut rejaillir immédiatement dans tous les pays, toutes les fonctions de l'entreprise, par exemple les avantages sociaux (maladie, retraite).

Pour remplir pleinement son rôle, le DRH doit faire la preuve des compétences ci-après.

Conseiller stratégique

Le DRH joue les conseillers stratégiques lorsqu'il faut aider le comité exécutif à formuler la stratégie de l'entreprise, et se mue en visionnaire rapide des plans d'action RH qui vont en découler pour réussir la mise en place. Cette capacité à passer très rapidement de la stratégie à l'action est essentielle.

Humain

C'est quelqu'un qui a fait la preuve par ses expériences passées, qu'il avait une bonne dose d'intelligence émotionnelle, nettement plus que le président ou le financier par exemple, sans vouloir généraliser. On détecte généralement cette compétence dans le réseau qu'a su créer la personne, ses capacités d'écoute, la motivation des équipes qu'il a eue à gérer, son contact avec les personnes de tous les niveaux, son accessibilité.

Très souvent, les DRH qui viennent des opérations ont réussi dans leurs unités des opérations rapides de transformation, avec l'adhésion du plus grand nombre et des résultats économiques probants. Les DRH qui viennent de la fonction RH, de l'extérieur, ont prouvé eux aussi qu'ils avaient su conduire des opérations de changement compliquées, mais avec un consensus, au début de la transformation, voire avec l'adhésion de tous, à la fin du changement. La qualité multiculturelle prend ici tout son relief. Ceux qui ont réussi ces opérations dans un contexte international, dans un autre continent, sont parmi les plus demandés.

Le DRH doit veiller à maintenir l'équilibre entre l'économique et l'humain : beaucoup de croyants, peu de pratiquants.

Leader

Le DRH récemment nommé à son poste actuel a su faire preuve d'un leadership certain dans son expérience passée, un leadership sur les collaborateurs et l'organisation. La compétence critique aujourd'hui est bien celle-là. Des têtes bien faites, on en trouve. Des opérationnels décidés à passer à l'action pour délivrer les résultats aussi. Mais il est beaucoup plus difficile de repérer des leaders qui arrivent à convaincre les têtes bien faites d'adopter leurs plans et les opérationnels de les appliquer, tout en favorisant l'engagement des salariés. Voilà la ligne de crête entre les tenants du DRH technique, avec ses outils, ses normes, et ceux du DRH stratégique.

« Décisif »

La complexité du *business* et de notre environnement mondial oblige à rechercher quelqu'un qui a la faculté de clarifier les choses en prenant des décisions simples et compréhensibles. Toute stratégie d'entreprise, et toutes les politiques RH qui en découlent, se déroulent sur trois à cinq ans. Elles sont exprimées en grandes idées. Les petites décisions au cours de l'année vont illustrer l'alignement et la cohérence des actions menées avec la stratégie, le projet de l'entreprise. « Décisif » signifie ici prendre les décisions essentielles, et les communiquer largement, de sorte que chacun voie le cap et en comprenne la logique par rapport à l'objectif fixé. À ce niveau, le DRH doit faire le tri entre ce qui est « critique » et la plus grande partie des décisions qui doit être donnée au terrain, « *act locally* ». Pour ce qui est critique, « *think globally, act globally* » (« penser global », « agir global ») et surtout pas au niveau français uniquement.

Ambassadeur ou plus précisément ministre de l'Entreprise auprès des publics extérieurs

Le DRH, de par sa transversalité, voyage beaucoup et représente sa firme dans les instances de lobbying, les associations professionnelles, les colloques ou, plus récemment, les relations investisseurs (pour sa partie, la presse), les réseaux sociaux lorsqu'il le faut. Son réseau et son habileté de communicant, qui parle si bien de l'entreprise (mais ne dit rien de confidentiel), sont recherchés.

Avoir une stature personnelle (*gravitas*) pour dialoguer avec le conseil d'administration

Depuis quelques années, le rôle du conseil d'administration se fait de plus en plus important, pas seulement pour les sujets techniques déjà évoqués comme les rémunérations ou les nominations. Les membres du conseil ont également pris conscience de l'importance des problèmes humains sur les résultats de l'entreprise et demandent à rencontrer le DRH pour anticiper, lister, ce qui pourrait influer sur la marche de l'entreprise. Les enjeux de gouvernance et le management du risque conduisent le DRH à passer de plus en plus de temps avec certains membres du conseil. L'expérience de la relation avec le conseil d'administration constitue donc un atout sérieux et nouveau pour le DRH.

Une relation singulière avec le président

Une fois recruté, si le DRH ne doit décevoir aucune des parties prenantes, le secret de sa longévité – toute relative au regard des statistiques vues au chapitre 2 – passera par l'établissement d'une relation singulière, adaptée avec le président .

Elle s'avère singulière parce qu'aucune autre fonction n'a cette nature de relation avec le président. La qualité de la relation n'est pas uniquement professionnelle, mais repose sur une alchimie complexe. Qui d'autre que le DRH entre le plus souvent dans le bureau du président ? Pas un jour, pas une semaine ne passe sans qu'il ne discute avec lui des décisions prises, n'écoute, ne guide, ne réfléchisse sur les sujets en cours, ne demande une action immédiate. Il a été embauché par le président , avec une relation qui a vraiment commencé lors des entretiens de recrutement. Toute la difficulté consiste à comprendre ce qu'il veut vraiment.

Si le DRH vient de l'opération en interne, le président a déjà un agenda précis pour lui. S'il vient de l'externe, il lui demandera ce qu'il propose et évaluera en permanence s'il est en adéquation avec son propre agenda. Qui va coacher l'autre ?

D'un côté, ce que veut le président. De l'autre, ce que peut apporter le DRH, souvent exprimé en termes de précautions à prendre, de cadre à respecter, de personnes à prendre en compte, mais aussi d'innovation, d'anticipation sur le sociétal, de chantiers à lancer sans tarder.

Comment faire entendre raison au présidentsi on ne veut pas devenir simple exécutant ? De cette relation d'adulte à adulte naîtront la confiance et le respect mutuel. Le DRH doit une loyauté totale, à toute épreuve, à son dirigeant.

Le nœud de la relation réside dans le partage du pouvoir entre celui qui le détient et celui qui peut l'aider à le garder.

Le président veut que son DRH soit un dirigeant, mais avec simplement des pouvoirs d'exécution ou une vraie délégation ? Un leader stratégique, mais à qui appartient la stratégie en dernier ressort ? Décisif, mais à quel niveau ? Qui dialogue avec le conseil d'administration, et pour dire quoi ?

La relation, particulière à chaque couple DG/DRH, se construira autour de ces questions, le second protégeant le premier des problèmes encourus, dirigeant certains projets avec énergie quand le président jouera un rôle de modérateur ou d'arbitre en comité de direction. Ou alors le DRH innovera sur des sujets délicats, bataillant seul pour gagner l'adhésion, mais laissera le président en tirer le bénéfice public, une fois qu'ils sont bien engagés.

Savoir s'exposer, savoir s'effacer relève d'une alchimie particulière.

Cependant, le lien de confiance se tissera surtout lorsque le DRH pourra dire la vérité au présidents sur ce qui se passe dans l'entreprise ou sur le respect des valeurs et de la culture par rapport à certains dossiers.

La relation singulière se résume ainsi : en choisissant

les mots et le moment, le DRH est le seul qui puisse exprimer son désaccord, ou celui de l'équipe, avec la volonté du président . La relation singulière réside dans le fait que le président prend un certain plaisir, finalement, à avoir des désaccords avec son DRH dans le secret de son bureau (à ne pas confondre avec les désaccords publics et profonds). Il le respecte pour son courage, son intelligence et sa sensibilité. Au point que bientôt, le président à son tour fera des confidences, exprimera ses doutes et ses difficultés. Bien souvent, ce ne sera pas sur les RH, mais sur la marche de l'entreprise, sur les autres dirigeants, sur le Conseil. Et c'est là que la loyauté du DRH sera mise à l'épreuve.

Aujourd'hui, la performance des DRH est évaluée par le président, avec tout le formalisme requis. L'appréciation de performance, traditionnellement justificatrice du bonus annuel (de 30 % à 50 % sur le bonus total), porte dans la plupart des entreprises sur quatre indicateurs de performance :

- les résultats de l'enquête d'engagement : véritable baromètre social, le taux de participation et le taux d'engagement sont très regardés ;
- l'atteinte des étapes de projet de transformation : en temps, en heure, en budget ;
- l'adéquation du réservoir de talents et des objectifs de l'entreprise : notamment en termes de diversité et de nationalités ;
- la qualité et/ou la rapidité des services RH : avec la même pression du résultat que pour les autres.

Ce n'est pas l'atteinte régulière de ces KPI qui suffit à dire qu'un DRH est bon ou excellent. Devrait s'y joindre une appréciation plus personnelle, mais la plupart du temps elle est rondement menée. Les relations singulières avec le président, évoquées plus haut, font, lorsqu'elle a lieu, que l'appréciation court tout au long de l'année… et reste bien informelle dans beaucoup de cas.

Cependant, il n'est plus le seul à « juger » le DRH. D'autres parties prenantes sont en lice. Et le DRH ne peut rester en place longtemps si l'une ou l'autre de ces parties prenantes s'oppose à lui.

Les relations avec les autres parties prenantes

Le président et le DG exécutif

Dans certaines entreprises, si la direction de l'entreprise est effectivement assurée par le DG exécutif, il existe un président , non exécutif, qui d'habitude était dans l'entreprise depuis longtemps. Même s'il n'a plus aujourd'hui qu'un rôle « non exécutif », son influence reste grande. Au cours d'entretiens détendus et informels, le président aura tôt fait d'orienter le DRH vers les zones de gris, où le DG exécutif, selon lui, ne consacre pas assez de son temps. Par exemple, les positions critiques à remplir pour la croissance des cinq années à venir ou la faiblesse du développement de telle ou telle succession. Dans ce cas-là, le DRH va vite se retrouver « entre l'arbre et l'écorce » lorsque le sujet sera abordé au Conseil.

Le Conseil d'administration

Le rôle du comité des rémunérations aboutit chaque jour à plus d'emprise sur la vie des dirigeants. Gouvernance, respect des codes, anticipation des réactions négatives en Assemblée Générale des actionnaires, les sujets ne manquent pas qui touchent aux rémunérations, retraites, actions du président et des membres du comité exécutif.

Normalement, la position du président et du comité des rémunérations est alignée. Jusqu'au jour où le DRH reçoit la visite, ou le coup de téléphone, du président du comité des rémunérations qui lui demande par exemple une étude spécifique sur le marché pour réduire un avantage de l'équipe de direction et un plan pour y arriver « en douceur ». Le DRH ne peut ni refuser, ni acquiescer sans en référer au président. Le comité de rémunération ayant tous les pouvoirs, et représentant les actionnaires, le DRH se trouve directement devant un dilemme permanent. D'autant plus que les membres du comité des rémunérations sont d'habitude eux-mêmes des dirigeants de grandes entreprises, qui ont déjà mis en place, ou ont été obligés de mettre en place des mesures similaires dans leur propre entreprise.

Les pairs du comité exécutif

Ce sont les premiers clients internes, ceux qui ont des besoins immédiats du DRH, comme conseiller ou coach de leurs opérations. Ce sont aussi eux qui sont ses meilleurs alliés lorsqu'il faut convaincre le comité exécutif d'aller dans une direction. Le DRH a besoin de leur confiance et doit veiller à passer un temps également réparti avec chacun d'entre eux, à ne pas montrer de favoritisme à l'égard de l'un ou l'autre. Mais la relation de confiance avec le président lui fait connaître à l'avance des décisions sur les personnes ou sur les nouvelles organisations qu'il ne peut pas partager. Avec le risque de se trouver en demande de coaching pour un dirigeant dont il sait que la carrière dans l'entreprise touche à sa fin aujourd'hui.

L'équipe RH

Nouvellement nommés, les DRH reçoivent de plein fouet l'impact de leur équipe. Assaillie de reproches exprimés par l'organisation sous le règne précédent, l'équipe RH sait que les choses doivent changer, mais pas (encore) comment ni surtout avec qui. Les habituelles pressions sur le manque d'effectifs et de moyens pour atteindre leurs objectifs se feront jour immanquablement. Les premières décisions sur les nouvelles politiques RH, la nouvelle façon de travailler et l'arrivée de « nouveaux » dans l'équipe ne feront qu'amplifier le phénomène. Le risque de décrochage des « techniciens » traditionnels par rapport au nouveau Directeur plus stratégique existe vraiment.

Le corps social interne

Dans l'esprit de tous les collaborateurs, le DRH représente la voix de ceux qui sont sans voix[1]. C'est lui

---

1. Voir le rôle de champion des employés décrit par David Ulrich dans *Human Resource Champions*, Harvard Business School Press, 1997.

qui est le garant de la manière dont ils seront (bien) traités, du respect de la culture ancienne et des valeurs traditionnelles. Or, nous avons vu précédemment que le DRH est un dirigeant comme un autre, tourné vers l'économique. Les premières mesures, restructurations et/ou vente d'activités, réorganisations, risquent de nuire à son aura. Le champion des employés aura vite fait de disparaître. Le DRH deviendra même la cible du ressentiment interne qui moquera son titulaire pour son manque d'efficacité ou de résultat au sein du comité exécutif, sinon sa traîtrise.

Le corps social externe

La représentation de l'entreprise à l'extérieur est devenue au fil du temps l'argument principal pour attirer les meilleurs talents. Comme nous l'avons montré dans le chapitre 5, le concept de la marque employeur ayant recours aux outils peut-être usurpés et trop datés du marketing et/ou de la publicité est passé à la notion de réputation employeur : un terme qui désigne à la fois la culture interne, les politiques de RSE et de développement durable. La nouveauté réside dans le fait que cette réputation se construit lentement, jour après jour, et peut être endommagée gravement en quelques clics sur les réseaux sociaux. Le DRH est alors tenu de dialoguer avec son public externe sur ses pratiques internes. Et d'être particulièrement authentique, vrai, pour éviter que des *tweets* assassins ne le prennent à revers (l'e-réputation). Son public extérieur, ce sont aussi les clients qui demandent de plus en plus d'informations « sociales » et sociétales sur des sociétés avec lesquelles ils travaillent et veulent connaître en détail les chartes et contrôles opérés dans les pays lointains.

Son public extérieur, enfin, ce sont les analystes financiers et les agences de notation. Ceux qui représentent le pouvoir des actionnaires se satisfaisaient autrefois du P-DG pour articuler des observations chiffrées. Voilà le DRH d'aujourd'hui tenu d'expliquer précisément les mesures d'accompagnement des plans sociaux, les coûts de main-d'œuvre comparés, les indicateurs sociaux, les mesures de l'enquête d'engagement, les provisions retraite et les plans de santé à travers le monde, le mécanisme du bonus des dirigeants et leurs avantages spécifiques.

Tous ces publics sont en droit d'attendre la même qualité de service et la même loyauté que le président . Que l'un d'entre eux, *a fortiori* plusieurs, commence à mettre en doute les capacités du DRH et fasse remonter directement ou indirectement que « *le courant ne passe pas* », et le doute s'installera dans l'esprit du président . Au début, il le défendra bien sûr, mais sur quelle durée ?

En définitive, si le DRH obtient presque toujours ses bonus annuels basés sur la performance des indicateurs formels (KPI) décidés en début d'année, la véritable appréciation de performance d'un DRH se forge au bout de quelques années. Les appréciations proviennent de multiples acteurs, ne sont jamais directes, et aucun document comportant les points à améliorer n'est jamais communiqué.

Une charge émotionnelle parfois très difficile à supporter

Y a-t-il une souffrance propre au DRH ? Prendre un poste au comité exécutif, c'est accepter comme ses collègues autour de la table, une charge de travail très forte liée aux chocs de priorités entre le très court terme et l'anticipation du long terme. C'est aussi un stress permanent dû à la pression des résultats, au respect des délais et à la prise de risques. Pour tous, les tableaux de chiffres, le reporting des projets qui avancent en dépit des difficultés opérationnelles suffisent à mesurer la performance.

Pour le DRH s'y ajoute un domaine particulier : la gestion des humains. Les décisions à prendre engagent son auteur bien au-delà de ce qui pourrait être sa technique. Il y met son analyse, sa propre lecture, son intuition et ses propres valeurs.

Autre particularité : chacune de ses décisions sera abondamment commentée dans toute l'organisation et même au-delà. Parce que ses actions, même si ce n'est pas lui qui a décidé, sont visibles et peuvent concerner chacun.

Tous les DRH ont aussi reconnu que le poste était harassant par la quantité et la diversité des problèmes à gérer, fatigant, avec cette impression de ne jamais en finir, avec une charge émotionnelle forte engendrant « des hauts et des bas » incessants et épuisants. Un vécu bien différent de celui rencontré chez les autres collègues du comité exécutif qui ont des résultats au trimestre.

Le DRH est seul. À qui peut-il confier ses doutes, ses difficultés, ses conflits, ses états d'âme ? Sa relation avec le président représente son viatique le plus précieux, certainement pas l'endroit ni le moment de douter. Que soudain le président ne demande plus à voir le DRH et la peur de la disgrâce fait doucement son apparition. C'est la relation qui fait tout, qu'elle se distende et le sentiment d'abandon l'emportera. Les courtisans auront vite remarqué ce signe visible, apparent, de perte d'influence, et ne manqueront pas de le commenter.

Outre les situations paradoxales dans les relations avec les tiers, comme évoqué plus haut, les DRH se trouvent souvent confrontés à des injonctions contradictoires, notamment dans la maîtrise de leur équilibre personnel.

Le DRH doit se concentrer sur sa stratégie, et délivrer les plans d'action qui en découlent, comme ses pairs. Ce sont des postes de réflexion. Cependant, personne ne comprendrait que le DRH ne soit pas en première ligne dès qu'un incident opérationnel survient : que ce soit une manifestation de vingt personnes devant la porte du siège de l'entreprise, un article mensonger sur Internet ou l'Intranet, le CHSCT[1] qui menace d'utiliser son droit de retrait dans une unité du groupe, etc. Dans ces cas, les organigrammes n'existent plus : c'est sur lui que se portent les regards.

Ajoutons à cela les demandes particulières du président – « *bien sûr, quand vous aurez le temps… mais c'est assez pressé* » –, qui vont de recevoir un stagiaire à

───────────

1. Comité d'Hygiène, de Sécurité et des Conditions de Travail.

préparer une partie d'un discours pour le lendemain, sans compter les appels à l'aide des DG de continents lointains.

Le DRH doit répondre présent tout de suite, agir vite, communiquer à tous, rattraper ce qui est mal parti, suivre l'exécution et… répondre aux critiques sur son action.

Le DRH, loyal avant tout, doit mobiliser son intelligence pour « passer » au plus haut niveau, devenir l'interlocuteur reconnu et apprécié des membres du Conseil. Parfois, le président n'accepte pas son idée ou un raisonnement, refuse de considérer un risque ou d'engager une réforme. Celle-là même que ses interlocuteurs vont lui reprocher plus ou moins directement de ne pas avoir engagée. Et le voilà argumentant contre ses propres idées…

Le DRH ne gagne pas toujours le combat des idées, comme tout le monde. Sa particularité réside dans le fait qu'il a mis plus de valeurs et de croyances personnelles dans son discours, toute son intégrité et ses « tripes ». Lorsque les décisions seront prises contre son avis, intégrant à ses yeux un peu trop de politique ou d'arrangements avec un juste alignement des choses, par exemple une nomination ou une rémunération contre son avis, ce n'est pas son professionnalisme seulement qui est en échec, mais c'est aussi lui, son pouvoir d'influence.

Le DRH doit être visible partout, par tous. Les reproches faits à un DRH d'être loin du terrain sont trop forts. Ses visites de pays sont nécessaires pour faire son métier et intégrer la transversalité de son rôle. Mais s'il n'est pas présent à Paris en permanence, le président aura tôt fait de lui reprocher de n'être « *jamais là* » quand il en a besoin, sans parler des membres du comité de direction qui s'étonneront de « *tant de voyages* ».

Le DRH a un rôle de coach et de conseiller de l'équipe de direction, et du président, que n'ont pas les autres. Conséquence : une disponibilité permanente pour répondre aux appels à l'aide, aux demandes de conseils, qui dépassent souvent le seul cadre RH. On dit que le bon DRH doit avoir un « fonds de commerce », c'est-à-dire des clients internes qui le sollicitent régulièrement. Plus vous êtes de bon conseil, plus le bouche-à-oreille favorisera l'arrivée de nouveaux clients internes, bien au-delà du comité de direction – « *Tu as dix minutes pour moi ? J'ai vraiment besoin de ton avis.* »

Or si le DRH s'occupe bien de tout le monde, qui s'occupe du temps du DRH ?

Le DRH se doit d'accélérer la transformation de l'organisation, vite, le plus vite possible. Mais c'est aussi le gardien du temps. À lui de tempérer les ardeurs, faire valoir le temps long. Accélérer et freiner en même temps, pas pour les mêmes sujets. Reconnaissons que certains DRH peuvent être incompris par beaucoup, qui n'ont pas le même horizon temporel. Le DRH dit qu'il est un équilibriste.

Comment concilier ces contradictions ?

L'intelligence situationnelle, un talent d'équilibriste, une confiance inébranlable, une résilience à toute épreuve sont perçues par beaucoup comme les qualités nécessaires pour être un bon DRH : « *Sens politique, mais pas de politique.* »

Du courage, de l'humilité, rester authentique, toujours être droit, ne pas favoriser, biaiser, faire une exception, afficher ses valeurs, se sentir libre de s'opposer jusqu'au bout sur les combats qu'on a choisis sont les attitudes les plus citées. Certains parlent de « *forte colonne vertébrale* ».

La force de la famille, de la vie privée, est toujours citée comme le refuge ultime qui permet de « tenir ». Un bon équilibre physique devient essentiel pour soutenir l'individu.

Le fait que l'Humain soit la matière en question dans tous ses jeux relationnels oblige le titulaire à être lui-même, en tant qu'individu au cœur du processus. À chaque occasion, il faudra écouter sa raison, son cœur et son intuition pour peser le pour et le contre, et prendre la bonne décision. La maîtrise des réactions et des émotions fait partie du poste, mais il faut traiter en permanence avec des gens qui les maîtrisent un peu moins… les fébriles, les intolérants, les pervers, les épidermiques, etc. : « *C'est comme nager en eaux troubles, avec des rapides et des berges peu accueillantes, c'est difficile mais c'est un sentiment extraordinaire si on y arrive… enfin, le temps que ça dure !* »

Les DRH qui viennent des opérations ne s'attendaient pas à cet aspect des choses, qui est le plus usant, ainsi que le plus dangereux à terme. Comment supporter longtemps une telle charge émotionnelle qui s'ajoute à la pression déjà forte du travail en lui-même ? Voilà pourquoi il semble à certains qu'à part une exception, ces DRH/opérationnels repartiront aux opérations. La pression y est peut-être aussi forte, mais il y a moins de relations émotionnelles compliquées. Et puis leur carrière, finalement, doit se poursuivre dans les opérations.

Bonne nouvelle et véritable opportunité pour les professionnels de la fonction RH ! Eux seuls, du moins les meilleurs d'entre eux, sont formés et ont l'expérience pour réussir et durer dans cette fonction. Le métier de DRH groupe, c'est l'expérience et la résilience face à des situations personnelles et professionnelles compliquées, comme le soulignent David Ulrich et ses collègues dans leur dernier livre[1].

---

1. *HR from the Outside In, op. cit.*

Conseils à un jeune (et moins jeune) DRH (ou à un opérationnel) qui voudrait devenir DRH groupe

Les places sont rares au sommet de la DRH, mais le chemin reste ouvert. Nous verrons dans une première partie les conseils que donnent les DRH en place aux membres de leurs équipes ou à ceux qui dans les opérations seront tentés par un passage.

Nous verrons ensuite les grands bouleversements que prévoient les DRH d'ici à 2020, avec les opportunités de solutions et d'expérimentations qui devraient jaillir des équipes RH disséminées dans le monde, futurs successeurs.

Enfin, nous dirons pourquoi la nouvelle génération est porteuse d'espoir pour les RH.

Des conseils unanimes

Multiculturel

Comment aujourd'hui viser un poste de haut niveau sans avoir démontré à l'international son aptitude au multiculturel ? Attention, il ne s'agit pas d'un passage d'un an ou deux en Europe, à un poste éloigné. Il importe de prendre une responsabilité RH visible et utile au *business*, sur un autre continent pour y confirmer sa capacité d'écoute, d'apprentissage des autres et de son influence dans différentes cultures, notamment pour attirer et retenir les plus talentueux.

Opérationnel

Comprendre les ressorts du *business*, comment on gagne de l'argent ou comment on peut « impacter » un P&L[1] peut être appris au contact des opérationnels, en étant un DRH actif. Il est beaucoup plus probant de pratiquer soi-même l'exercice. Les fonctions qui permettent de vendre des produits et services, de gagner des clients ou de développer l'entreprise sont les plus utiles pour plus tard fonder sa légitimité à parler du business.

Un passage de deux ans à un tel poste suffit à la compréhension et à pouvoir dire à tout jamais : « *Je sais, je l'ai vécu moi aussi.* » Dans un monde où tout change très vite, où les métiers se créent et disparaissent selon les régions du monde, la multiplication des expériences apporte un « plus » nécessaire à son développement.

---

1. « *Profit & Loss* » : compte d'exploitation.

Humain

N'oublions pas l'essentiel : il faut aimer les gens, malgré tout, vraiment, sincèrement, savoir les comprendre et leur parler. Aimer les développer, pas à pas, et faire toujours valoir leur voix lorsque le management pourrait les avoir un peu oubliés.

Il faut veiller à l'engagement de tous, au bien-être et à l'esprit d'équipe. Au-delà des mots, les passages aux différents postes devront être marqués par des expériences réussies et visibles dans ces domaines.

Technique RH

La principale qualité recherchée est d'être capable de passer par des postes variés de RH, de l'usine au siège, d'une expertise à un poste de généraliste, en France et à l'étranger, de conserver une sorte de zigzag permanent pour gagner en expérience, en capacité d'adaptation.

La négociation sociale, en usine, et les rémunérations au siège sont les deux techniques qui viennent en priorité lorsqu'on évoque les choix possibles.

Se pose la question des compétences techniques RH : jusqu'à quel point les posséder ? Beaucoup de managers de l'entreprise ont l'impression que la RH, « *c'est du soft, ce n'est pas un métier* ». D'où la réticence de beaucoup de talents d'autres fonctions jusqu'à ces dernières années à passer à la DRH.

Impact

Comme nous l'avons vu au chapitre 6, les techniques RH ne valent que par l'impact qu'elles peuvent produire sur l'efficacité de l'entreprise. L'important ne sera pas de faire marcher les process RH pour un bon reporting au siège, mais comment le DRH en puissance utilisera ses outils pour servir les besoins des managers, avec simplicité et efficacité. Son passage au siège, à l'inverse lui aura enseigné pourquoi et comment les experts fabriquent les politiques centrales. Son habileté à concilier les deux parties sera un premier pas vers le respect de tous et sa capacité à réfléchir selon plusieurs angles.

Au-delà des expériences, il s'agit de laisser une trace, d'être visible ; se faire remarquer par sa loyauté à l'entreprise, sa culture et ses valeurs, surtout dans les situations difficiles ; ne jamais transiger sur l'essentiel, même avec son patron ; démontrer son sens politique, son habileté à composer avec un monde complexe, à influencer les acteurs vers des solutions humaines. Il ne faut pas hésiter à rencontrer les clients, gérer des projets difficiles, être ouvert aux tendances lourdes comme la diversité, la RSE, l'illettrisme (et pas uniquement en France). Le futur DRH se doit d'interpeller, de proposer le changement au comité de direction local et à l'encadrement intermédiaire. Ses plans seront mis en cause, discutés et testés à l'épreuve du réel avec les risques inhérents.

Comme pour tous les futurs grands managers, le sens de l'exécution, le respect des autres, la relation au temps seront appréciés au même titre que le recrutement et le management de son équipe, qui marqueront le potentiel de l'individu (surtout s'il sait exporter les meilleurs talents).

Pour le clin d'œil, la capacité du jeune DRH à repérer très vite les futurs dirigeants du groupe et à travailler avec eux sera l'attitude la plus adéquate qu'un jeune pourrait adopter pour son futur.

Un point positif peut consister à s'impliquer dans la vie réelle, au sein d'une mairie ou d'une association, faire de l'entraide, adhérer à un club de sport, etc. Les motifs de bénévolat ne manquent pas. Pour ceux qui visent des grandes entreprises nationales, le passage en cabinet ministériel est un « plus » certain. Peut-on y ajouter les start-up, non comme contribution financière, mais bien au contraire comme facilitateur de l'organisation ? Quoi de meilleur que de pratiquer la nouvelle économie, *in vitro*, avant d'en transmettre les expériences à la grande entreprise ?

Enfin, cela va mieux en le disant, le futur DRH doit nourrir un souhait fort de monter dans la fonction. Ce qui requiert une énergie considérable : apprendre, changer de poste et de lieu de travail, se remettre en question, réussir chaque étape avec des patrons différents. Une carrière en zigzag, c'est séduisant, mais aussi épuisant. Y a-t-il vraiment beaucoup de volontaires, alors que le « bien-être », le temps de travail, le « *work at home* » (télétravail) mis en place par la RH offrent d'autres horizons plus confortables ?

D'ailleurs, le fait que 85 % des DRH nouvellement nommés ne viennent pas de la DRH interne de l'entreprise ne veut-il pas dire que c'est un métier où l'on prend des coups, des images négatives, bloquantes pour la promotion ? À multiplier les patrons et les équipes, on multiplie les chances de déplaire. Et comme nous l'avons vu plus haut, le président choisira quelqu'un de l'interne sur les recommandations de ceux qui ont travaillé avec lui.

Certains vont même jusqu'à proposer au DRH de changer de société pour gagner ses galons de numéro un, ce qu'ont fait avec succès plusieurs DRH du CAC 40.

Pour un jeune opérationnel

D'abord, il doit exprimer clairement, et souvent, son intérêt pour la fonction RH. C'est encore assez nouveau et les volontaires ne sont pas si nombreux. Ensuite, atteindre, voire dépasser régulièrement ses objectifs budgétaires. La DRH n'est pas un refuge pour opérationnel en difficulté.

Passage aux RH

Il doit passer aux RH une fois ou deux pendant sa carrière opérationnelle. Une fois pour négocier avec les syndicats, dans un site, une fois pour apprendre une expertise, dans un siège, qui permette de connaître tout le groupe, de laisser son nom comme quelqu'un d'utile, par exemple à la gestion des expatriés, ou aux rémunérations et avantages sociaux. Il faut aussi qu'il se construise un réseau.

Son écoute, son ouverture, son sens de l'équilibre humain/économique, « aimer les gens », la qualité de son management des équipes, son parcours international, qui le font valider ses qualités dans un contexte multiculturel et quitter sa zone de confort à différentes reprises, seront un passeport nécessaire pour évoluer favorablement.

Gestion d'équipe

Attirer, retenir et développer une équipe de talents dans les différents pays où il a exercé avec succès ses fonctions opérationnelles, permettra de démontrer par l'exemple son habilité sur les questions de recrutement, d'engagement et de développement. Surtout s'il sait « exporter » quelques-uns, parmi les meilleurs talents, auprès de ses collègues demandeurs. À son tour, il devra multiplier les expériences dans les métiers et les continents du Groupe.

Dans la vie de l'entreprise, l'opérationnel à potentiel prendra soin de participer à de grands projets pilotés par le siège, par exemple en travaillant dans l'équipe d'acquisition ou en participant à l'intégration des sociétés acquises. Outre le réseau qu'il développera à cette occasion, son esprit de coopération et de travail en équipe, son efficacité et sa capacité d'influence seront sous les projecteurs, ainsi que sa loyauté à l'entreprise, ses valeurs, alors que ces situations particulières peuvent multiplier les tentations d'aller vers la facilité ou pire encore.

Analyser précisément quel poste élevé en RH pourrait l'intéresser comme développement de carrière, repérer le futur dirigeant du groupe, rester humble, garder le contact avec la DRH siège, savoir lire les besoins du groupe à moyen terme pour mieux proposer ses idées, appartenir à une association sur le leadership ou l'environnement social pour garder le contact avec la fonction, autant de gestes importants à accomplir.

Enfin, il doit veiller à entretenir un lien avec le réel, en adhérant à une ONG, en prenant une responsabilité à la mairie, dans une association, en aidant les autres, ou encore en participant au travail d'éducation (Écoles de la deuxième chance), encore une fois pas seulement en France.

Au-delà des conseils « terrain » sur les attitudes à adopter et démontrer, les candidats à la succession des DGRH seront bien inspirés de marquer les esprits en prenant des initiatives dans les domaines qui vont le plus bouleverser l'environnement RH d'ici à 2020.

Les bouleversements de l'environnement RH d'ici à 2020

Les RH restent « chaotiques », c'est-à-dire que personne ne détient la vérité ni n'a été formé à manager dans les conditions actuelles. Aucun livre, aucun, penseur, aucun gourou, n'a donné de solutions pré-managées. Les solutions se trouvent dans l'innovation et l'expérimentation. C'est une opportunité en or pour les jeunes (et moins jeunes) managers qui veulent faire progresser leur entreprise, leur équipe RH et… leur carrière.

La révolution numérique

L'organisation du travail va changer en profondeur : non seulement les techniques, mais aussi les relations entre les parties, comme le souligne un livre auquel nous avons déjà fait référence[1]. Tout le monde parle de mode coopératif, de travail en réseau, beaucoup aimeraient connaître des expérimentations réussies dans ce domaine en termes de rapidité et de baisse des coûts. L'impact des nouvelles technologies se trouve dans l'accélération des changements (voir à quelle vitesse LinkedIn s'est imposé dans le recrutement) et le bouleversement de l'éducation cognitive. À quoi former et préparer les collaborateurs aujourd'hui ? À juste survivre ou à s'adapter à l'évolution, en utilisant les systèmes éducatifs adaptés, plus intuitifs ? Voilà un domaine dans lequel la DRH peut apporter une valeur ajoutée en accompagnant et en anticipant les changements à venir.

Repenser le travail en fonction des nouvelles générations

Cinquante pour cent des effectifs dans l'entreprise américaine en 2015 appartiendront à la génération Y. Les trois quarts des effectifs des groupes européens seront basés sur un autre continent et seront en moyenne

---

1. *À quoi ressemblera le travail demain ? Technologies numériques, nouvelles organisations et relations au travail, op. cit.*

beaucoup plus jeunes. La conjonction de ces phénomènes, associée au chantier précédent, achève de complètement déstructurer ce qu'était l'entreprise hier, sans
préfigurer ce qu'elle sera demain. La RH dispose de
peu de temps pour inventer les moyens de redonner du
sens à ce nouvel ensemble, où le rapport de forces sera
favorable aux BRIC et où la diversité deviendra majoritaire. Ce qui doit pousser les plus innovants à repenser
l'articulation de l'Humain et de l'efficacité et/ou de la
productivité dans un monde où l'on passera moins de
temps au bureau, et plus à travailler chez soi avec des
gens partout dans le monde qu'on ne connaît pas phy-
siquement, avec des conséquences sur la formation, la
reconnaissance et la rémunération, ainsi que l'articulation du social et du travail. Quel sera le lieu de convergence, que seront les satellites ?

Des salariés qu'il faut engager ou réengager, dans une entreprise qu'on ne reconnaît plus

On sent bien que c'est la fin du management, la fin
des managers, mais on ne sait pas vraiment vers quoi
faire muter ces derniers. Le plus certain pour l'instant
semble être un système hybride qui empilerait à la fois
notre management vertical actuel, pour aligner tout le
monde sur un but collectif, et un management horizontal pour démultiplier les capacités de collaboration
en réseaux et accélérer l'innovation. Un RH talentueux
possède ici une rare opportunité de montrer son potentiel en prenant la responsabilité de tester de nouvelles
formes d'organisation ou en anticipant sur les nouveaux

profils. Par exemple, à l'instar de certains MBA ou de grandes sociétés américaines, en pariant sur des personnalités atypiques autant que sur des diplômes.

Éviter l'implosion sociale !

Le lieu de travail, avec des murs, des collègues, un bureau, se disloque. Les pays matures sont à la peine pour l'emploi des non-qualifiés, savent qu'ils auront des difficultés à payer les retraites et que le flux des expatriés s'est inversé à leur détriment. Au niveau du dessous, la pression pour faire plus avec moins, plus vite, s'accélère, et les mutations nécessaires laissent sur le carreau de plus en plus de monde de la classe moyenne « *qui ne croit plus* » au progrès, à l'ascenseur social. Les États vont s'affaiblir, trop petits, trop nationaux, trop lents sous la poussée des grandes entreprises transversales. Le concept de solidarité risque de s'affaiblir. La responsabilité sociale de l'entreprise, le sociétal ne peuvent certainement pas être perçus comme des compilations fastidieuses de chiffres pour répondre à la loi. Voilà au contraire des moteurs stratégiques pour donner du sens, attirer des salariés engagés dans des réflexions de ce type et agir en acteur citoyen de l'écosystème.

Un message d'espoir

Pour clore ce dernier chapitre, livrons un message d'espoir qui tient à l'arrivée d'une nouvelle génération aux manettes. Nées à partir de 1978, les premières vagues de la génération Y auront quarante ans en 2018. L'âge d'accéder au pouvoir un peu partout dans le monde, peut-être pas forcément au poste de président, mais en tout cas à tous les postes à deux ou trois niveaux en dessous.

Depuis la génération de Mai 68, la génération Y est la première qui a pu à son tour imposer un comportement en rupture avec l'ordre établi : contestation (douce mais ferme) de la hiérarchie, des horaires, du travail au bureau, revendications pour plus de temps libre, de bien-être, de travail à la maison ou d'horaires réduits, d'années sabbatiques et de RTT, souvent moqués, mais qui ont largement conquis d'autres segments de la population et se sont finalement imposés comme la norme.

À présent que cette génération arrive au pouvoir partout dans le monde, les P-DG au Brésil ont en moyenne quarante-deux ans, les enfants des fondateurs de puissants conglomérats chinois et Indiens se positionnent dans les Conseils, partout à tous les échelons de l'entreprise, et les moins de quarante ans représentent les forces vives pour la croissance de demain.

Cette génération est formée à l'international – 50 % des étudiants des MBA américains viennent d'Asie – et a déjà largement profité des voyages *low cost* pour découvrir le monde. C'est une génération de « citoyens du monde ».

Et bien évidemment, ce sont les premiers, nourris par leurs parents, dès leur plus jeune âge, au biberon de l'ordinateur, des consoles de jeux vidéo, des tablettes et des smartphones, et qui en retour expliquent plus ou moins patiemment à ces mêmes parents comment marche le *cloud*. C'est une génération que nous aimons plus que nous ne la comprenons : ce sont nos enfants.

Qui d'autre que cette génération peut mieux incarner le passage à un nouveau monde, une nouvelle entreprise qui reste à inventer ?

En tout cas pour ceux de cette génération qui se passionneront pour l'humain, et qui voudront tenter un parcours dans les ressources humaines, que d'opportunités ! Nul doute que les entreprises chercheront à embaucher ces jeunes qui se retrouvent dans leur monde quand les générations plus âgées ont l'impression de perdre le leur.

Voilà un terrain d'expérimentation infini, qui leur appartient, dont personne avant n'a pu tracer l'esquisse. Un peu comme de la neige poudreuse le matin. À eux d'innover et de convaincre, de construire et de donner un sens nouveau, d'intégrer ceux qui sont un peu loin ou un peu perdus et de soigner la planète pour bâtir un futur où il fera bon vivre ensemble.

Le changement, c'est maintenant, disait un slogan politique il n'y a pas si longtemps. C'est aussi vrai dans le cas présent, avec même une ardente obligation de commencer et de réussir. Car la génération Z arrive, ceux qu'on appelle les « *digital natives* ». Et avec eux, ce sera complètement différent. Encore.

Conclusion

Le rôle clé des DRH pour développer la confiance et la coopération

Tout au long de cet ouvrage, nous avons tenté de montrer que la fonction RH se trouvait à la croisée des chemins face un environnement en évolution profonde, que ce soit sur le plan de la globalisation, de la révolution numérique, de l'arrivée de nouvelles générations ou de la responsabilité sociale de l'entreprise.

Nous avons souligné la nécessité pour les DRH de dépasser la dimension technique de leur fonction pour s'interroger sur les mécanismes plus fondamentaux qui régissent le fonctionnement du corps social de l'entreprise et sur lesquels ils peuvent avoir une influence certaine par l'élaboration et la mise en œuvre de politiques RH réussies. Il est temps que les DRH, comme nous l'avons dit dans le troisième chapitre, réinvestissent le champ de l'organisation, dominé depuis des décennies par d'autres acteurs de l'entreprise.

Repenser les modèles de l'organisation

À l'heure où beaucoup s'interrogent sur la réalité de la reprise économique en Europe, il semble important pour les dirigeants de repenser des modèles d'organisations qui ont été marqués au cours des dernières décennies par la compétition à l'intérieur et à l'extérieur de l'entreprise et par une distanciation progressive entre eux-mêmes – les dirigeants – et le reste du corps social de l'entreprise, y compris de l'encadrement supérieur, si l'on en juge par les résultats des différentes enquêtes d'engagement des collaborateurs.

Les nouveaux modèles viendront peut-être de certains pays émergents, l'Inde en particulier, dans lesquels on trouve des réussites exemplaires d'entreprise, comme celle d'un des leaders dans le secteur informatique, HCL Technologies, avec près de quatre-vingt-dix mille collaborateurs, dont l'ancien président , Vineet Nayar, a défendu avec une forte conviction, dans un best-seller[1], une idée simple, mais finalement si peu appliquée : « *Les employés en premier, les clients en second.* » Ce qui est en jeu, souligne-t-il, est la capacité de nos entreprises à restaurer la confiance par la transparence et à renforcer les dynamiques internes de coopération par l'inversion de la pyramide.

La finalité des nouveaux modèles d'organisation est de pouvoir combiner deux objectifs apparemment

---

1. Nayar, V., *Employees first, customers second*, Boston, Harvard Business Press, 2010, publié en français sous le titre *Employés d'abord, clients ensuite*, Diateino, 2011.

contradictoires, comme peuvent l'être l'efficacité et l'innovation. Le professeur Paul Adler, de l'Université de Californie du Sud, montre clairement que la forme la plus prometteuse d'organisation est aujourd'hui celle qui permet d'assurer l'atteinte simultanément des deux objectifs par la recherche d'un équilibre entre flexibilité et contrôle : l'organisation flexible sans contrôle correspond au marché où la compétition est le mode dominant de fonctionnement, l'organisation contrôlée sans flexibilité correspond à l'organisation hiérarchique où la règle est le mode dominant de fonctionnement. La caractéristique principale du modèle d'organisation combinant flexibilité et contrôle est d'être fondée sur la confiance entre des acteurs coopérant volontairement entre eux. L'ancien doyen de la *business school* de Berkeley, Raymond Miles, soutient dans un livre éclairant[1] qu'au-delà de la coopération la collaboration devient une réalité lorsque la confiance entre les acteurs se situe à son niveau le plus élevé.

Dans cette perspective, le rôle des DRH est déterminant pour faire évoluer l'entreprise vers un modèle d'organisation qui renforce les dynamiques de coopération, en s'appuyant sur le développement de la confiance[2] dans les relations entre les collaborateurs.

---

1. Miles R., Miles, G., Snow, C., *Collaborative entrepreneurship*, Stanford, Stanford Business Book, 2005.
2. Reitter, R., Ramanantsoa, B., *Confiance et défiance dans les organisations*, Economica, 2012.

Les leviers pour développer la confiance

Le premier de ces leviers est celui des valeurs, qui doivent être en cohérence totale avec la volonté affichée par l'entreprise de développer la confiance et renforcer la coopération. La responsabilité des DRH consiste à garantir cette cohérence en insistant particulièrement sur la nécessité pour les collaborateurs, quel que soit leur niveau de responsabilité, de pouvoir « vivre » ces valeurs. Rien n'est plus dommageable, comme nous l'avons montré dans le chapitre 5, que les valeurs affichées ne soient pas perçues comme étant appliquées dans le quotidien vécu par les individus dans l'entreprise.

Le deuxième levier est celui du management de performance, qui doit pouvoir identifier et reconnaître les collaborateurs qui font confiance et coopèrent. L'évaluation de la performance, tout d'abord, doit comporter des critères, faisant référence à la confiance et à la coopération, mesurant les comportements et les résultats obtenus dans l'atteinte des objectifs annuels. La rétribution de la performance, ensuite, doit pouvoir montrer des différences visibles dans l'atteinte de ces objectifs, en fonction des critères de confiance et de coopération. Ici, plus qu'ailleurs, la question de l'exemplarité est posée, puisque les collaborateurs seront particulièrement sensibles au fait que leurs dirigeants soient évalués et rétribués en fonction des valeurs affichées.

Le troisième levier pour renforcer la confiance et la coopération dans l'entreprise est évidemment celui du développement par les actions menées dans les domaines de la formation et de la gestion des carrières. En tant que pratique privilégiée de transmission et de partage des valeurs, la formation doit être considérée comme un levier majeur de transformation des mentalités individuelles et collectives vers plus de confiance et de coopération. Mais l'impact de la formation sera faible si les autres leviers ne sont pas activés et en particulier celui de la gestion des carrières. Une gestion proactive des carrières favorisant la confiance et la coopération est certainement l'un des leviers les plus puissants à disposition des DRH en raison de la visibilité des parcours professionnels et surtout de leur caractère symbolique.

Les DRH doivent à présent agir !

Même si les propos qui précèdent peuvent paraître utopiques face aux réalités de l'entreprise d'aujourd'hui, l'organisation de demain sera nécessairement transparente, fondée sur plus de confiance, et agile, fondée sur plus de coopération. Face à ces évolutions inéluctables, les DRH sont directement interpellés en tant que pilotes du changement pour préparer l'entreprise à évoluer. Ils seront, en définitive, jugés sur leur capacité à transformer l'utopie en réalité dans un avenir proche, car ce sont les impératifs du *business* qui vont rapidement les rappeler à la réalité s'ils ne saisissent pas cette opportunité extraordinaire de revisiter le rôle et le positionnement de la fonction RH.

Remerciements

Aux DRH interviewés : François Abrial, Sonia Artinian, Thierrry Baril, Jean-Luc Berard, Claude Brunet, Philippe Cabanettes, Xavier Couturier, François Curie, Marie-Francoise Damesin, Philippe Decreyssac, Pierre Deheunynck, Jean-Claude Deslarzes, Cécile Tandeau de Marsac, Henri Ducre, Belen Essioux Trujillo, Andrew Farnsworth, Marc François-Brazier, Chantal Gaemperlé, Bruno Guillemet, Jean-Michel Guillon, Édouard-Malo Henry, Christel Heydemann, Marianne Laigneau, Jean-Marie Lambert, Yves Martrenchar, Bruno Mettling, Franck Mougins, Éric Olsen, Thierry Parmentier, Muriel Pénicaud, Claire Pedini, Bruno Rain, Antoine Recher, Stéphane Roussel, Véronique Rouzaud, Jeremy Roffe-Vidal, Jérôme Tixier, François Viaud ;

Jean-Pierre Catu, Alain Deniau, Didier Vuchot ;

Jean-Pierre Richard pour sa relecture utile, Marguerite Cardoso et Géraldine Couget, Christian Boghos, Jean-Jacques Masson, pour leurs encouragements soutenus ;

Bruno-Luc Banton et Pascal Baumgartner ;

La Fondation ManpowerGroup ;

La chaire Webhelp-HEC « Capital Humain et Performance » ;

Jean-Michel Garrigues, qui représente le lien entre toutes les parties de la fonction, pour son soutien.